ジャーナリズムは甦るか

池上彰・大石裕
片山杜秀・駒村圭吾・山腰修三

慶應義塾大学出版会

目次

I

今、日本のジャーナリズムを考える

池上　彰

大石　裕

1 「誤報」はなぜ起きるのか？

強いスクープ志向

大石　それでは、池上彰さんをお迎えして、「今、日本のジャーナリズムを考える」というテーマで対論を開始したいと思います。二〇一四年八月以降、朝日新聞の誤報問題をめぐってさまざまな議論が行われてきました。本日はこの問題も含め、ジャーナリズムの現状に関していくつかの視点から論じていくことにします。

最初に取り上げるのは、「誤報」はなぜ起きるのか、なぜ起きたのかという問題です。朝日新聞社が福島原発事故の「吉田調書」に関する誤報を認めました。この報道に関しては、さまざまな方面から批判を浴びたのは皆様ご承知のとおりです。その際に朝日新聞社の社長が、誤報の原因として記者の思い込みと新聞社内での検証不足、チェック不足をあげました。（吉田調書：事故当時の福島第一原発所長吉田昌郎氏が政府事故調査委員会の聴取に応じた記録）

誤報が生じた原因としては、それ以外に、やはり記者の功名心があったと思います。記者が自分の名をあげたい、スクープを取りたいがために、報道の正確さが犠牲になってしまった側面があったと思われます。まず、スクープをとりたいというジャーナリストの心情について、池上さんの率直なご意見をお聞かせください。

池上　今回の誤報の場合というより、やや一般論的な話で言えば、私もＮＨＫに記者で入り、三十二年間ずっと記者の仕事をしていましたが、基本的に記者はとにかく特ダネを取ることが重要な使命と考えてきました。さまざまな出来事を取材し、それをニュースとして伝えるのは当然のことですが、記者の一番の仕事は、よその社が知らないことを書くことだと教えられてきました。

でも、よく考えてみれば、これは不思議な話です。よその社が知らないことではなく、視聴者あるいは読者に伝えるべきことを伝えるのが記者の本来の仕事のはずです。もちろん、そのことは入社時から言われるわけですが、実際にはほかの新聞社や放送局との激しい競争という環境に身を置いていると、ほかの社が知らないことを書くことに生きがいを感じるようになってしまう。そうした目的を達成することに使命感を覚えるようになるわけです。

そうなると当然のことながら、よその社があっと驚くような記事を書きたくなる。新聞記者の場合、「これは社会面だな。その中でも左側の第一社会面、右側の第二社会面、どちらかな。ひょっとすると地方版かな」と、何となくイメージしながら取材をする。ところが原稿を出した後で突然、「これを一面に持っていくから、もう少し何とかしろ」と言われたりするわけです。不思議なもので一面に掲載されるとなると、もっとインパクトのある書き出しにしたほうがいいかな、あるいはリードといわれる前文をつけて、どうやってこの記事を膨らませたらいいのかなど、大げさに報道したくなる誘惑に駆られることは確かにあります。テレビの場合には、おどろおどろしい表現にしたり、「意外な事実が……」といってコマーシャルを入れてしまう。そうやって視聴者を引きつけようとすることは実際よくあります。

記者の専門性

大石　その場合、新聞社や放送局の記者、編集者たちが面白いと思う価値基準と読者や視聴者のニーズの差が広がってしまい、読者や視聴者がおいてきぼりにされている、という批判はよく耳にします。記者として長年活躍されていた池上さんは、そういう印象はお持ちでしょうか。

池上　そうした例はいくらでもありますね。例えば、新聞社が社をあげてキャンペーンを行っている場合、これまで出ていなかった話を、これは新しい情報だからということで、大きく扱おうということになる。そうすると、その方向にどんどん進んで行ってしまい、読者不在でキャンペーンが行われてしまうということがありますね。「ちょっと待てよ、一般読者はそもそもこの手の記事を毎日継続して読んでいないぞ」、「ここの部分が新しいと言われても読者はわからないぞ」という具合です。どこかで読者が見えなくなる、といったことがよくありますね。

大石　それはある意味、記者や編集者が専門的になりすぎてしまう。読者の知識や情報のレベルをはるかに超えてしまう。その結果、業界や組織の中の目線が優先されてしまう。そう考えてよろしいでしょうか。

池上　そういうことですね。いわゆる専門バカですね。大学の先生でも同様のことはありますよね。

大石　ありますね。

池上　学生が理解しているかどうかもわからないまま、これは自分の研究分野だからここだけは話しておかなければという具合に、どんどん専門の深みにはまってしまうということは、どこの分野、ジャンルでもあり得るのかなと思います。

「吉田調書」をめぐって

大石　さて、今回の朝日新聞の吉田調書の誤報について、池上さんはどのような感想をお持ちでしょうか。

池上　朝日の特ダネとして、この記事が一面トップ、それもぶち抜きで出たときは正直びっくりしましたね。原子力発電所であれほどの事故があったにもかかわらず、何とか原発を鎮めようと大勢の人たちが努力をしていたんだ、吉田所長以下、献身的に取り組んでいたんだという、英雄としてのイメージがガラガラと崩れていった、「えっ？」という驚き。大きな驚きを与えたという意味では、それが事実であれば特ダネですよね。そのうちだんだん他社から違う話が出てきて、「変だな、誤報なのかな」ということになったわけです。これまでみんなが持っているイメージが実はまったく違っていたということが事実だったならば、この記事は間違いなく特ダネだと最初は思いました。

大石　日本社会が東日本大震災という非常に大きな災害を経験し、それから今後のエネルギー政策、あるいは原発再稼働という問題が、今の日本社会の世論、政策を二分する争点であったということで、朝日の誤報がクローズアップされたわけです。でも少し引いて見てみると、ジャーナリズム研究の立場からは、確かに誤報は絶対してはいけないと思うのですが、今回に限らず、実際にはさまざまなメディアで誤報はかなり頻繁に起きていますよね。

池上　人間がやることですから、大なり小なり誤報は起こるんですね。今回の場合が原発でなく、そしてこんなに社会的な、国際的に注目を浴びていないものであれば、関係者が憤慨して「何であんなことを書くのかな」という批判だけで終わっていた可能性はある。あるいはほかの社が、特ダネを抜かれたと思って追いかけて調べてみたらそんな話はなかったということで、報道する必要はないという判断を行ったかもしれませんね。これまでの誤報を振り返ってみると、「取材をしてみたけれど、この記事はこの新聞社の飛ばし（誤報に近い大げさな報道）だよな、危ないな、だから追いかけて記事にする必要はないな」ということで終わってしまったものは、たくさんあります。

大石　そうすると、いろいろな条件が重なったことによって今回の誤報問題が非常に大きく取り上げられ、朝日新聞社の社長辞任まで進んだ。もちろん誤報はいけないのですが、新聞社あるいは放送局の社長が辞任することは、通常、誤報といった問題ではあり得るのでしょうか。

池上　今回の場合は三つのことが重なって社長の辞任にいたったということではないで

すか。朝日の社内のことはまったくわかりませんが、今回、吉田調書が大きな問題になっていて、その一方で吉田証言の誤報をずっと修正しないで放置してきたことについて、どこかで区切りをつけようとして訂正記事を出したら、またそれが批判を浴びてしまった。その上に、私が当事者なので言いにくいのですが、私のコラム、「新聞ななめ読み」の掲載拒否という問題があって、これら三つの問題をまとめて社長が責任を取ったという感じがしますね。

どれもが非常に重大な問題ですが、吉田調書の話を前面に押し出すことによって、わかりやすい形で責任を取ることにしたのかなと思います。でも実態は三つまとめて責任を取った、ということですよね。

2　ジャーナリズム論とジャーナリズムの「現場」との乖離

新聞の偏向という問題

大石　では次に、「ジャーナリズム論とジャーナリズムの現場との乖離」という話題に移ります。ジャーナリズム研究者は報道のバイアス、つまり偏向に関しては、あまり批判的な目では見ません。新聞社が独自の価値観を持つのは当然であり、その価値観に基づいて出来事の構成要素をいくつか切り取り、それを編集してニュースとして提示しているわけです。したがって、ニュース・バリューの問題も含め報道や解説がある程度偏向するということは、言論機関としては当然だという見方が一方ではあるからです。

しかし他方では、各新聞社の倫理綱領、記者の指針といったものを見ると、ジャーナリストは客観的、中立、公平、公正な報道をすべきということを言うわけです。この折り合いといいますか、両者のバランスについてはどのようにお考えでしょうか。

池上　まず、新聞と放送はまったく違うということがありますね。テレビあるいはラジオは、限られた電波、国民の財産である電波を使うわけですから、これに関しては一方的な主張なり論説はできない。ですから、新聞社に論説委員はいますが、放送局に論説委員はいません。放送局にいるのは解説委員です。

放送においては、解説はするけれども、特定の主張をしてはいけないという自主的な判断があります。もちろん放送法の規定、あるいは総務省からの指導もありますが、それではなく、あくまで自主的な判断、公共の電波を使っている立場として、特定の主張をすることはふさわしくないだろうというので、解説委員という言い方をしている。

それに対して新聞社は純然たる民間企業であり、言論機関ですから、何をやろうと自由なわけです。言論・表現の自由、報道の自由があるわけですから、いかなる報道、解説、論評をしても構わないことになります。法律に違反しない限り、何を主張してもいいということが、まずあるわけです。

どの新聞社もそれぞれの主張をしているわけだから、それを偏向しているという言い方はおかしいし、自由な主張でいいではないかと私は思うんです。ただし、そもそも、それぞれの社が方針の中で中立、公正に報道するとわざわざ言っているために新聞が偏向しているか否かということが議論になるのです。

そうした観点から見れば、一般的な報道に関しては事実に即してこれを取り上げるが、社説や論説委員が持っているコラムでは何を主張しようと、その新聞社の自由な判断ということです。これら二つのことはきちんと区分して論じるべきだと思います。

誤報と原発再稼働

大石　報道と論評を分けて考えるという場合でも、例えば今回の沖縄知事選（二〇一四年十一月十六日）で言えば、米軍基地の問題に対して敏感ないくつかのメディアが、今回自民党系の候補者が負けたことを大きく報道したがるというように、事実であっても、解説、論評が非常に強く影響を及ぼすということがあります。それも新聞ならば当然ＯＫなわけですね。

池上　そういうことですね。沖縄県知事選挙の結果について、これを一面トップで扱った新聞社もあれば、そうしなかった新聞社もある。それぞれの判断がずいぶん分かれましたよね。当然のことだと思います。新聞社が各々の主張やニュース・バリューに従った判断があるわけです。事実関係はきちんと伝えなければいけないけれど、それをどう伝えるべきかは、各記者の資質や判断の仕方といいますか、個人のレベルでの切り取り方の力量、あるいはそれを受け入れる、それを認める新聞社の組織や体制によって分かれるのは当然のことだと思います。

私が学生だったころ、日本の新聞の記事はどれも同じで、いくつも発刊されている意味がまったくないと言われていた。それが、今はものすごくはっきりカラーが出ていますよね。本来、そうあるべきだと思います。三十年、四十年前に指摘されていたことが、今になってようやく実現したというわけですね。カラーの違いが出てきた。それを、こんなに違っているのはおかしいというのは不思議な批判だなと思います。

大石 今回の誤報問題で私がジャーナリズム研究の視点から見て気になったのは、誤報の問題と偏向の問題がストレートに結びつけられたことです。確かに朝日の誤報は、繰り返し言いますが、決してやってはいけなかった。けれども、そのことによって朝日的な価値観までがすべて断罪されるという状況に関して非常に不思議に思ったのですが、その点についてはいかがですか。

池上 「朝日的な価値観」とは何かを定義しようとなるとまた非常に難しい問題になりますので、その話は置いておいて、あえていえば、原発のあり方について批判的な報道をしてきた社ということですよね。

大石 そうですね。

池上 その社としての編集方針であったり、原発をめぐってさまざまな問題があったりするのは事実ですから、それを一定の視点で切り取っていくという取材は、当然ありますよね。だから、原発に関する主張と今回の誤報をストレートに結びつけてはいけない。ただし、もしある一定の視点に立って取材し、記事にしたことが誤報につながったというのであれば、そこは断罪されなければいけません。

それを証明できればそもそもすべて断罪できるのですが、でもその因果関係や論理的なつながりが証明できないままに何となく原発、あるいは東京電力に批判的だから、こんな誤報をしてしまったのだろうという批判は乱暴かなと思います。


大石　二〇一四年十一月十三日付の朝日新聞に掲載された、朝日新聞社の「報道と人権委員会」の吉田調書報道に関する見解を紹介しておきます。

「記事の根幹部分は一・二面で横見出しとなった『所長命令に違反、原発撤退』『葬られた命令違反』に沿う内容となっているところ、そのような事実は、取材で裏付けられた客観的な事実としては認めることはできなかった」。ここでは、事実の取り違いが一つは問題にされています。それから「さらに、取材記者の推測が事実のように記載されている部分もあった。取材は尽くされておらず、公正性と正確性に問題があったといわざるを得ない」。

これまでの池上さんの議論をまとめてみますと、朝日新聞社が持っている原発再稼働に対する批判と、その批判的な思い込みが直結しているとしたらそれは問題である。しかし、事実関係の誤認があったからといって、原発再稼働など原発をめぐるさまざまな問題に関して、二分されている言論界の片方の主張が誤りだと言うことはできない。そういう解釈でよろしいですか。

裏付け取材の重要性

池上　そういうことですね。それらを結びつけられるような事実、論拠というか、エビデンスがなければ、そうした言い方はできないということですね。

そして今回の場合は、現場の記者に言わせれば取材不足と見出しの付け方が問題なわけです。この調書が出てきて、とりあえず命令に違反して逃げてしまった人が大勢いるという記事にしたわけですよね。それがもし本当ならば、いわゆる裏付け取材という形で、あそこで働いていた大勢の人たちに、本当に命令に違反して逃げたのか、裏を取ることが絶対必要だったわけです。仮に「そんなことはまったくなかった」という話が何人かから出たら、「これはおかしい」、「ちょっと待てよ」という話になるわけですね。それをせずに、その場で作業していた人たちが、勝手に避難した、逃げてしまったと、そのまま記事にすること自体、本来あり得ない。取材が非常に甘いものであったことがまず大問題なんです。

さらに言うと、記事の内容と見出しが大きく違っていましたね。あの見出しの付け方のほうが非常に大きな問題になるのかなと思いますね。

大石　それとの関連で思い出したのですが、ここ数日、話題になっている産経新聞ソウル支局長が韓国で起訴された問題（二〇一四年十月）も、彼が書いた記事を読むと、ほとんどすべて伝聞記事なんですね。要するに、朴槿恵大統領があいう形で男性と密会していたといううわさがあるということを、たんにうわさとして伝えているんですね。

今回の朝日、そして産経の記事のように、事実をきちんと積み上げていく取材をしない、あるいは見出しの付け方がセンセーショナルになってしまうというのは、以前からずっと問題としてあったのか。それとも昨今、その傾向は突出するようになったのか、どちらでしょうか。

池上　そこは「最近の記者たちは」という世代論になりかねないので、印象論で語りにくい部分があります。確かに何となくの印象論というのはありますが、エビデンスを持っていないので、そこは何とも言えませんね。

それから産経の問題に関して言えば、あれはそもそも日本国内で報道されたものですね。新聞は、よその国の指導者に対しても論評や批判するのは自由なわけで、それを本国で起訴されるなど、とんでもない話です。

大石　その点は、確かにそうですね。

池上　今回の起訴は、とにかく言論、表現に対する侵害で許しがたいことだというのがまず一つ。

その一方で、あのとき読売新聞のコラムが「私は絶対ああいうコラムは書きたくない」と書いていましたが、記者ならば、きちんと取材した論拠と伝聞をはっきり分けなければいけない。そういう意味でいうと、産経新聞のあのコラムは確かにまずかったというのはありますね。けれども、それと今回の韓国のやり方はまったく別で、そこはやはり分けて考えなければいけないと思います。

3　メディアのフォーラム機能の意義と限界

「新聞なため読み」掲載拒否について

大石　では三つ目のテーマ、メディアのフォーラム機能の意義と限界というテーマに移りたいと思います。

フォーラム、あるいはパブリック・フォーラムとはそもそもは「公共の広場」という意味ですが、要するに新聞社は自説にかなった意見を掲載する一方、より開かれた場として自説とは異なる意見、あるいは自説を批判する意見もどんどん掲載していったほうがいいという主張があります。さらには、AとBという対立する二つの意見が存在する場合、両者が議論し、互いに歩み寄る形でCという何らかの具体的な方策を出していこうというフォーラム機能をメディアは持ったほうが望ましいという主張は結構あります。

それでは、このフォーラム機能という問題を念頭に置きながら、「新聞ななめ読み」の掲載拒否の問題についてストレートにお聞きします。このコラムは、結局は九月四日になって、朝日新聞のおわびと同時に掲載されたわけですが、朝日新聞は一時期とはいえ自らフォーラム機能を放棄した。そう考えてよろしいのでしょうか。

池上　当事者なので言いにくいですけれども、編集権は新聞社にある。だから基本的には、コラムが掲載を拒否されたことに対して、私のほうからはとにかく誰にも何も言っていません。それが、なぜか朝日の社内からどんどん漏れてしまった。私は週刊誌などに取材されたことには答えるが、それ以上のことには答えないというやり方を取っています。そして、編集権はそれぞれの新聞社にあって、その編集権について私がどうこう言う立場にはないというのがまず大原則としてあります。

その一方で、「ななめ読み」は最初から、朝日新聞の記事もほかの新聞社の記事も、何でも私の視点で自由に斬ってください、論じてくださいという話があったので、まさにおっしゃるように、朝日新聞はフォーラム機能を作ろうとしているんだと認識していました。例えばニューヨーク・タイムズ紙は、社説の反対側のページに、社説に対して異論などを載せるページがあります。そういう役割を果たしてほしいということなのかなと考え、本当に自由に書かせていただきました。それが掲載できないと言われたのは、連載がずっと続いてきて初めてのことですから、「ああ、これはもうおしまいだ」と思いましたね。

大石　それ以降、執筆されていないのは、依頼もないし、池上さんも書きたいというご希望がないと考えてよろしいですか。

池上　再開してほしいというのは朝日新聞社からの希望としてもありますし、個人レベルでは朝日新聞の知り合いからも何とか連載を再開してくれないかと言われています。今、第三者委員会が事実関係を調べており、何らかの見解を出す。その見解に対して朝日新聞社がどういう対応を取るかを見た上で判断しますと申し上げています。（その後、同社の「信頼回復と再生のための行動計画」発表を受け、二〇一五年一月三十日から連載が再開された）

異論・反論に対する寛容さ

大石　ジャーナリズムは今お話しくださったように、異論・反論に対してかなりの程度、許容度を持つべき、あるいは寛容であるべきという意見が一方にはあります。他方では、ある種の啓蒙機関、言論機関として自らの主張を強く主張したい場合には、反対の意見を扱うスペースなり時間が少なくなるということも当然出てきますね。そのあたりのバランスについてはどうお考えですか。

池上　それこそまさにそれぞれの新聞社の編集方針だと思います。うちの社の主張に反するものは一切載せられないと言っている新聞社もあるわけですから。

例えば、出版物に関する再販制度というのがあります。一般的にさまざまな商品は自由に価格をつけることができ、値引きがいくらでもできますが、出版物や新聞に関しては、その文化を守るために全国どこでも必ず同じ価格で売らなければいけないという、再販売価格維持制度が設けられています。

それに反対する東京大学の先生が国会で参考人として証言したものを、うちの新聞社は一切報じないと断言をしたトップの方がいらっしゃいましてね。すなわち、社の方針に反対する主張は一切認められないという方針で、再販制度に反対する主張を一切載せていない新聞社もあるわけで、まさにそこはいろいろな方針次第なのだろうと思います。

　ただし朝日新聞の場合は、私のようなコラムを載せることは、いわゆるフォーラム機能を充実させようという編集方針なんだろうと受けとめていましたから、いいことだから協力しようと思い、連載してきたわけですよね。その自らの方針に反するようなことをされたと受けとめました。

大石　フォーラム機能という問題についてもっと考えてみると、主要紙は「朝日、毎日、東京」というグループと、「読売、産経」というように、新聞ジャーナリズムがかつてに比べて明確に二極化してきた。日経は争点によって異なる論調をとりますが、比較的「読売、産経」に近いと言えるかもしれない。若者層は多くの場合はネットで新聞情報を得たり、あるいは得ていないかもしれないですが、多くのシニア層の新聞読者はだいたい一つの新聞を読んでいる。そうした場合に、本当にその新聞の主張を支持しているという確信を持ってその新聞を読み続け、とり続けている場合ならまだしも、何となくとり続けてい

て、ほかの新聞の情報がもし入らなかった場合には、その一つの新聞の非常に限られた意見を世の中の支配的意見と考えてしまう傾向が出てくる。逆に一つの新聞がフォーラム機能を果たすと同時に、あるいはそれ以上に、世の中にはこんなにいろいろな意見があるんだということを述べていくと、その新聞社の色が薄くなってしまう。そこにジレンマがありますよね。

消費税の問題、あるいは集団的自衛権の問題、特定秘密保護法の問題、いろいろな問題で、今お話しした新聞が二極化している状況と考え合わせてみた場合、こうした問題についてどのようにお考えになりますか。

池上　これは難しいですよね。たとえ情報社会とは言ってもいくつもの新聞を読むことがなかなかできない中で、実際には一つの新聞だけを読むことが多い。それぞれの新聞には色合いがあり、一定の主張をしているということを自覚して読むこと以外ないのかなと思っています。

また以前は、社説はそれぞれ主張は違うけれども、それ以外の一般の記事はどこの新聞でもだいたい同じような報道が出ていたのが、最近は新聞社によってずいぶん違いが出てきてしまっているということは、知っておいたほうがいいのだろうと思いますね。この新聞以外の新聞社は別の報道をしているかもしれないということを常に意識する必要が出てきたのかなと思っています。

新聞は明確な主張を行うべきか

大石　社会における新聞の重要性や影響力の低下ということがありますね。テレビがこれだけ普及し、しかもソーシャルメディアがこれだけ普及してきたときに、新聞はかつては公共のメディアとして一定の抑制が効いていたのに、その部分がかなり外れてしまった。それによって新聞の論調の分極化、主張の明確化がより鮮明になってきた。なにか皮肉な現象のように見えるのですが。

ですから、新聞は今日報じなくてもいい問題を、いい意味でも悪い意味でも、どんどん報じるようになってきています。その辺との兼ね合いを考えると、メディアの配置図の変化が新聞の機能の変化を促してきたということは言えるのではないでしょうか。

池上　昔はとにかく新聞が報道の王者でした。私の学生時代、就職を考えていたころ、民放はほとんどニュースがなく、ニュースを扱うメディアというと、新聞社かＮＨＫしかない時代だったわけです。ですから、それぞれの新聞社がおそらく公共性を非常に意識していたのでしょう。それが、メディアがどんどん多彩になればなるほど、その中でどうやって生き残っていこうかというときに、それぞれのメディアの特徴を出さざるを得なくなっているという大石先生の分析は、なるほどと思って聞いていました。それぞれの新聞社が特徴を訴えることによって一定の地位を確保しようという動きはあるのかなと。

大石　それこそ歴史的な、「六〇年安保」の際の「七社共同宣言」などは、今はとても起こりそうもない気がしますね。七社共同宣言とは、安保闘争が激化して、学生や労働者などのデモ隊が国会を取り囲み、警察との間で深刻な暴力行為が生じ、犠牲者が出てしまった。その時に、「暴力主義を排し議会主義を守れ」、「民主主義を守れ」ということで、朝日、毎日、読売、日経、産経、東京、東京タイムズの七つの新聞がこういう暴力的な行動はやめるべきという宣言をしました。

それがいいか悪いかは、実はずっと論争になっています。自然災害などの国難のような事態が生じた時には、各紙が共同歩調を取る必要のある場合もあるかもしれませんが。その一方で、今のような新聞の二極化という言論状況は比較的好ましい状況と考えてよろしいのでしょうか。

池上　そうですね。六〇年安保のときの七大共同宣言というのは、そもそもああいうことで全部の新聞社が一緒になっていいのかという論争が相当ありました。

その宣言の後、全国の地方紙もそれに賛同するという形で、次々にその宣言に賛成していった。でも、賛成しなかった地方紙もあるわけです。新聞すべてが同じ主張を支持するという方が、私は怖いなと思います。メディアというのは本当に多様な言論があるわけですから、「みんなでまとまって、こうしよう」と言うほうが怖いなと。それぞれいろいろなメディアがいろいろなことを言って当然だろうと思いますよね。

今のような状況で、すべてのメディアの主張が一致してしまうことのほうがはるかに危険ですね。もちろん、日本という国が滅亡の危機にあるような、とんでもない危機的なことになったら、メディアの主張はまとまるかもしれませんが、そうでない限りはおそらくまとまらないだろうし、それでいいのではないかと私は思いますけどね。

4　拡大する「朝日批判」、「リベラル」派世論の今後

歴史認識と言論の自由

大石　次に、いよいよ四番目のテーマ、拡大する朝日批判と「リベラル」派世論の今後について話を進めていきます。

今、池上さんがお話しくださったように、本来ならば社会において多様な意見が存在するのが民主主義の大前提です。ところが、これは非常に皮肉なことですが、歴史認識という問題で考えると、そうしたいろいろな意見があることが、特に中国、韓国からの批判を受けている理由になっています。要するに、戦前・戦中の被害者意識を優先させて、アジアに対する侵略についての反省は比重を軽くして論じるというのは、わりと保守的な言論と言えますね。他方、リベラルといわれる言論は戦争加害者という意識を強く持って、戦後の日本の平和国家の歩み、経済発展を中心とした社会の歩みを高く評価していく。歴史認識という場合、だいたいこの二つに分かれるかと思います。

ところが日本社会の中で見れば、こうした言論や世論の対立状況はきわめて当然、あるいは健全という評価になりますが、それが被害を受けた側、朝鮮半島や中国、あるいはア

ジアも一部そうかもしれませんが、そうした評価はなかなかしてくれません。とにかくアジアに対する侵略を反省すべきというわけです。それから安倍首相の靖国神社参拝に関するアメリカの一連の発言、そういうものを見たときに、はたして日本の世論状況、いろいろな意見や歴史認識があって当然という考え方と、戦後のある種のグローバルスタンダードと言いますか、やはり日本は戦争加害者という自覚をより強く持つべきという意見との間の、そうしたずれをわれわれはどう考えたらいいのでしょうか。

池上　これはすごく難しいことで、日本はそういう多様な言論が保障されている自由な社会なわけですよね。そこが中国とは全然違うところです。韓国もいちおう自由な言論があるとはいえ、実は言論空間、言論の幅が日本より少し狭い部分がありますね。先ほど問題になった産経新聞支局長の起訴などを見ると、それがわかります。

その点、日本はこれだけ多彩で自由な言論空間があるんだということを世界に誇ってもいい。よその国に批判されたくないよと言えるくらい、自由で多様な言論が存在するんだということが、まず大前提としてありますね。そのうえで、例えば「国益に反する」という言い方になると、さあ国益とは何だろうかと、ものすごく難しい問題になってきます。

例えばそれぞれの時の政権は、何かあると国益に反すると言いたがります。でも、それは本当に国益に反するのか。後で歴史的に見ると、あの時の批判は正しかったのではないのかという部分が常にあるときに、メディア自身が「国益とは何か」と意識することそれ自体、いかがなものかと思います。

古典的な例で言いますと、ジョン・F・ケネディの政権ができた直後に、「ピッグス湾事件」というのが起きました（一九六一年）。CIAが先導して、キューバの亡命者たちがキューバを攻撃するという出来事でした。あのとき、ニューヨーク・タイムズはその直前に情報をつかんだ。しかしこれを同紙が報道しようとしたら、報道することでこの作戦が失敗してしまうとアメリカの国益を大きく失わせることになるからやめてほしいと言われ、ニューヨーク・タイムズは国益のためにということで、それを知っていても報じなかったわけです。その結果、この事件が生じた。

ところが、これがぶざまな失敗に終わった。後にケネディ大統領は、もしニューヨーク・タイムズがこれを報じていてくれたならばこんなことにならず、国益を失うことがなかったのではないかという言い方をしました。

それ以来、ニューヨーク・タイムズは国益という言葉をすぐには信用しなくなり、政府はいつも国益に反するからこの報道をやめてくれというけれど、そういうわけにはいかないと言って、例えば、ベトナム秘密報告をすっぱ抜いて報道するということをやるわけです。

その例を見ても、国益とは何かを常に考えなければいけない。安易に国益を失わせたとか、国益を守れとかいう言い方は危ないのではないかなという気がしています。

複数の国益観

大石 今のお話ですと、国益というのはいろいろな見方があっていい、ということですね。今、Aという選択肢を取るのも国益だと思う主張があっていいし、Bを選択するのも国益だという主張があってもいい。それぞれの、特に言論空間、あるいはメディア、世論、政治家たち、官僚たちは、そういう複数の国益観をお互いに認め合うべきであると。けれども現実には、とくに政治の場ですとどこかの時点で決定を下さなくてはならず、その際には国益という言葉がレトリックとして使われる可能性が高まってきますね。

池上 わかります。

大石 その場合、政治の場で下された決定とは異なる、もう一つの国益観を持っている人たちは、政府のそうした国益観を批判していきますね。その批判の自由が保障されていることが、まずもって大事ということになります。

池上　まさにそういうことですね。結局は、国益とは何だったのか、あるいは国益に反したかどうかという報道は、歴史が判断するしかない。ずいぶん経ってみてから初めて、歴史の審判が下る。そういう歴史観、問題意識を持って、取材報道に当たるべきだろうと思います。

大石　昨今の集団的自衛権についての問題もそうですね。確かに日米関係重視、東アジアの緊張の高まりということから言えば集団的自衛権が必要だという議論は当然出てきます。

でも、他方において、これが第二次安倍政権の下で進められているということも当然考慮しなくてはいけない。要するに、戦後レジームに対して批判的な考え方の延長線上で集団的自衛権が論じられている。同じ集団的自衛権の問題でも、どの枠組みでとらえるかによって、差が出てきてしまうことになります。

池上　まさにまったくそのとおりで、集団的自衛権について当然認めるべきだ、閣議決定で解釈を変更するのは当然と言っている新聞社には、賛成論はたくさん出るのですが、反対論が掲載されることは非常に少ない。一方で集団的自衛権反対と報じていた新聞社の中には賛成論を載せていたものもありますが、それも非常に少なかった。その意味では、これだけ国論を二分するような問題であれば、社として賛成、反対、それぞれ別の意見もあるんだということも含めて、もう少し伝えてもよかったのかなという思いはあります。

民間企業ですからそこは自由ですが、ただ新聞社としてはもう少し日本の自由な言論空間を大切にしてほしいという思いはありますね。

世論調査の客観性

大石　こうした争点に関する民意を知る場合に、よく使われるのが世論調査です。世論調査については、ようやくというか、やっとメディアの内部からも、検証しようとか、さまざまな批判が出てくるようになりました。質問の仕方、回答の選択肢、まさにこれがある種のアジェンダの設定を超えた、操作的なものになってきている。例えば四段階で「賛成」「やや賛成」「やや反対」「反対」と聞くのか、あるいは「賛成」と「反対」という二つの選択肢だけで聞くのかで答えがまったく違ってしまう。さらに、世論調査の場合には「これが世論です」と、数字の裏付けをもってして調査結果を出してしまう。そうすると、国論を二分するような争点、政策に関して、かなり違う結果が出てきてしまうという問題

集団的自衛権の行使についての報道各社の世論調査の選択肢と回答

（新聞紙面やホームページによる。日付は調査実施日）

共同通信 4/11・12	•賛成 38.0%		•反対 52.1%		•わからない・無回答 9.9%	
日経新聞・テレビ東京 4/18〜20	•賛成だ 38		•反対だ 49		•どちらともいえない 6	•いえない・わからない 7
朝日新聞 4/19・20	•賛成 27		•反対 56			
毎日新聞 4/19・20	•全面的に認めるべきだ 12	•限定的に認めるべきだ 44	•認めるべきではない 38			
産経新聞・FNN 4/26・27	•全面的に使えるようにすべきだ 7.3	•必要最小限度で使えるようにすべきだ 64.1	•使えるようにすべきではない 25.5		•他 3.1	
読売新聞 5/9〜11	•全面的に使えるようにすべきだ 8	•必要最小限の範囲で使えるようにすべきだ 63	•使えるようにする必要はない 25		•その他 0	•答えない 4
NHK 4/18〜20	•憲法を改正して、行使を認めるべきだ 13.0	•これまでの政府の憲法解釈を変えて、行使を認めるべきだ 21.1	•これまでの政府の憲法解釈と同じく、行使を認めるべきでない 27.4	•集団的自衛権自体を、認めるべきでない 14.1	•その他 0.1	•わからない・無回答 24.4

注：NHKが「どちらともいえない」という選択肢を加えて5月9〜11日に実施した調査では、「行使できるようにすべき／すべきでない」「憲法解釈を変更して行使を認めるのに賛成／反対」ともに「どちらともいえない」が最多となった。

出所：朝日新聞2014年5月14日朝刊

が起きるわけです。

池上　それは私がまだ連載しているころに「新聞ななめ読み」で書きましたが、四段階、二段階など無理やり分ける中で、NHKは五月の世論調査で、例えば集団的自衛権賛成・反対以外に、「どちらともいえない」という設問も作った。そうしたら実はそこが一番多かったんです（表の注、参照）。

これが本当のところかなと思ったんです。それが賛成、反対、またあえて言えば、やや賛成、やや反対となると、仕方がない、どちらかにしようと、無理やり決めさせられる。

しかし、その世論調査に回答した人は、はたして集団的自衛権がどんなものかをどれだけ知っているのだろうか。どれだけ勉強しているのだろうか。言葉は聞いたことがあっても、よくわからないという人が回答を迫られたから仕方なくどちらかを選んでしまったという状況で、こんなに賛成が多い、こんなに反対が多いと結論づけるのは、ものすごく乱暴だなと思いますね。

大石　問題や争点によっても当然違うのですが、私の個人的な印象としては、「賛成」と「やや賛成」、「反対」と「やや反対」を一つでくるのはかなり乱暴で、これら二つの間にはかなり距離があるような気がしますね。どちらかというと、「やや賛成」と「やや反対」の距離の方が近いのではないか。

池上　そうですね。

大石　これは日本社会の言葉の問題も含めて、何となく「やや」とか「ちょっと」とか「少し」を、われわれはすぐつけたがりますね。そうすると安心してそこに回答が落ちやすくなる。それを四段階でやった場合、新聞社や放送局は「やや賛成」と「賛成」をまとめて、「やや反対」と「反対」をまとめて、それぞれ「賛成」と「反対」というように、数字として出してきてしまう。ここに私は違和感を持つのですが、いかがでしょうか。

池上　まずそこだと思いますよ。世論調査の設問をどうするかということから、もっと見ていかなければいけないと思います。新聞社はそれぞれの立場がある中で、世論調査は客観的に行われているだろうとみんな思ってしまう。ところが日本の場合はその設問によって、あるいは集計の仕方によって、いかようにでも操作できるものを設定している。これはものすごく危険だと思います。それによって、新聞社として世論を誘導しようというよりは、「ほらほら世論はこうですよ」という程度のものだということで報じているような気がします。でもその分、こうした世論調査のやり方については危惧を抱きますね。

5　吉田証言批判の問題性

誤報批判と歴史認識批判

大石　それでは、本日のメインテーマである歴史認識の問題に入っていきたいと思います。私の個人的な見立てとしては、今回の吉田証言をめぐる朝日批判ですが、それは吉田証言に対する謝罪と訂正が遅きに失したというものです。この批判はもちろんそうだと思いますし、それがさまざまな国際世論やメディアと響き合って日本の国際的な信用を傷つけたという主張はかなりの程度、理解できます。（吉田証言：吉田清治氏が戦時中に軍の命令で朝鮮人女性を従軍慰安婦にするため強制連行したと発言し、記事にされた後に虚偽と判明した）しかし他方において、朝日新聞の吉田証言が誤りである、だから朝日新聞に代表される歴史認識も誤りであるという強い主張がよく見られます。保守とリベラルとあえて二つに分けると、そのリベラル派の歴史認識も、朝日新聞の誤報によって極端にいうと葬り去られなければならないというわけです。そういう主張や流れに、私は正直ものすごく違和感を持つんです。

先ほどから議論してきたように、日本は海外から批判されることもあるけれども、世論や言論では歴史認識に関して二つの大きな柱が拮抗してきた。それぞれがある種、自分たちは少数派だと思っているところが正直あるわけですね。こういう図式が存在し、歴史認識をめぐって正面からぶつかり合っていたというのが現状かと思います。それが朝日新聞による今年（二〇一四年）の八月五日、六日の訂正によって、一気に流れが変わってきた。先ほどおっしゃった吉田調書、吉田証言、それから「新聞ななめ読み」のまさに三点セットで木村伊量社長の辞任に至った。リベラル的な言論や世論の、こうしたある種の危機状況についてはどうお考えか、率直なご意見をお聞きかせください。

池上　朝日新聞の初期段階での報道はよくわかるんです。済州島で強制的に慰安婦狩りをしたんだとわざわざ言い出す男がいればびっくりしますし、本当にやったならば恥ずかしいことだから、黙っていればいいのにわざわざ言い出した。勇気ある証言だと最初はみんな思ったわけですよね。だから朝日の記者はそれを書いた。

でもその後、専門家が現地に行って、調査したら、実はどうやらそうではないんだという結果になった。その段階で、これをきちんと検証して、一連の記事は間違いでしたとしておけば済んだ話なんです。この問題と、朝日新聞の主張がいわゆるリベラルかどうかは、まったく別のことだと思っています。

ただしリベラルという言葉がいいかどうかわかりませんが、日本が朝鮮半島を支配していたときのさまざまな問題だったり、日本の責任を追及していたりした新聞社が、たまたまその訂正をずっとしなかったことがイコールで結びついて、いわゆるリベラル派の歴史認識が叩かれている部分があるのだろうと思うんです。誤報というのはどこの社もやってしまうし、これはある面仕方がないかなという思いはあります。でも間違ったら訂正をする。いち早く訂正するというのがメディアの「いろは」です。記者が取材の「いろは」をやらなかっただけの問題で、それが問われるべきではないか。同時に、三十二年間、知らん顔をしていた責任は、これはやはり追及されるべきだということですよね。

それと、日本の朝鮮半島支配についての責任問題云々とは、まったく別のこととして考えなければいけないだろうということです。そのときに、次の二つのことを考えるべきだと思います。一つは、朝日があのように誤報したのは、そもそも日本が朝鮮半島支配というとても悪いことをしたというイメージを作ろう、作ろうとしていたからだ、だから朝日新聞のような歴史認識はけしからんと叩く人たちがいる。これはおかしな主張だと思います。その一方で、誤報を追及した人たちは実はそういう歴史認識自体も全部葬り去ろうとしているからだと主張し、それに反発する人もいます。これもまた、誤報の問題を正面から考えていない分だけ違うと思います。

誤報は誤報として、なぜその誤報が起きてしまったのか、それがなぜ三十二年間も訂正できなかったかという、ジャーナリズム論に即した形での検証が必要であって、それ以外の歴史認識はまったく別の問題です。これらを結びつけてはいけないのではないかなと思っています。

大石　九月十二日の朝日の木村社長の「みなさまに深くおわびします」という記者会見

の記録が、朝日のホームページにずっと掲載されているのですが、それを見ると、朝日新聞社は誤報は誤報として認めています。その上で、朝日は自らの歴史認識をどのように主張していくか、記事としてどう展開していったらいいのかを、まだ模索しているような印象を受けます。もし朝日の歴史認識、すなわち一方の言論の極、世論の極が、さまざまな批判を受けながらも、それによって揺らぐことはないという立場を貫くならば、言論機関としてなぜ積極的に仕掛けていかないのだろうかと不思議に思うのですが、その点についてはいかがでしょう。

池上　どこかの段階になったら、そうした仕掛けをやるべきなのでしょうね。ほかの新聞社の中には、誤報の問題と歴史認識をひとくくりにしながら、何でこんなことになったのかをそれぞれの立場で検証し、主張し始めているものもあります。だから朝日も朝日で、それをやることが意味のあることなのではないかなと思います。近隣諸国となぜこんなふうにこじれてしまったのかを、反省の念も込めつつ改めて検証することは求められているのかなと思いますね。

ジャーナリズムと政治

大石　先ほどの多様な言論がかえってアジア、特に中国や韓国からの信頼を失うという話に関連して思い出すのは、一九九〇年代に加藤典洋さんという研究者・批評家が書いた『敗戦後論』（講談社、一九九七年：ちくま文庫、二〇〇五年）という本です。

それを読むと、いわゆる保守派は戦争被害者的な意識が強くて、戦争で亡くなった日本兵をどう弔うかを第一義にする。他方、リベラル派は戦争加害者の意識が強く、わりとアジアに対する謝罪を注視する。この分裂こそがアジアからの信頼を損ねているのだから、まずはナショナルのレベルで一体になって、日本の戦争で亡くなった方たちを心から弔う、それと同時に、加害者としての責任を感じる、謝罪する。二つの主張を足してしまえという議論が、加藤さんという比較的リベラル派の方から出てきて、非常に多くの論争を呼びました。

そうした主張が行われたにもかかわらず、歴史認識の構図としては、現在もなお保守とリベラルが対立したままです。今後は、ある程度リベラル派が弱まりながらも、でも対立し続けていくのかもしれない。では現実の政治の場で、そうした歴史認識がどのように影響を与え、実際の政治がどう動いていくのか。政治家なり官僚なり、特に外務官僚とか、外交や国際政治に強い政治家とか、あるいは時の首相などが、歴史認識を抱きつつその時々で判断を下していく。その場合、言論、ジャーナリズムと政治の関係、実際の政策決定や意思決定を行う場合のジャーナリズムと政治の関係についてはどのようにお考えですか。各々のジャーナリストは、言論の領域にとどまって自分の主張をすべきなのか、あるいは言論機関というものが歴史認識の問題について、より強く政治に対してもの申していくべきなのか。その点についてはいかがでしょうか。

池上　そもそも言論機関がどこまで何ができるかという話ですよね。言論は言論で勝負すべきであって、歴史認識をどうするのか、例えば戦没者の追悼機関をどうすべきかに関して、それぞれの社がそれぞれの立場で主張する、これは当然のことです。しかし、それをさらに先に、政治の世界まで動かしてしまおうと考えている人がいるから、少しややこ

しいことになると思います。あくまでそれは言論の場にとどめるべきであって、そこから先は政治家が判断すること。政治家に対して影響力のある言論活動をすべきだけれども、だからといって政治家を実際に動かそうとするのは少し筋が違うと私は思います。

大石　日本社会の場合、経済の問題が常に第一にきて、歴史認識とか外交・国際問題が優先順位の高い争点として取り上げられることはごくまれですね。今回の選挙（二〇一四年十二月の総選挙）もそうですが、メディアが集団的自衛権の話を積極的に争点に設定しようとしても、安倍さんが主導してアベノミクスに対する是非をというのが選挙の主要な争点になる。経済的な格差の広がり、格差社会の深刻化という問題があっても、経済政策でこれから景気が浮揚するのかどうかという問題に移ってしまう。そうすると、新聞などの言論機関の思いと、安倍首相をはじめとする一部政治家の考え方との間には大きなずれがあるように見えます。アベノミクスの是非を争点に掲げ、景気動向を中心に据え、言うなれば日本国民を有権者というよりも消費者としてとらえる見方と、新聞などの言論機関の争点の据え方、両者の間にはかなり差があるような気がします。

池上　政治家というのは、特に解散総選挙をする政権というのは、どの政権であっても自分が勝てるようなテーマ設定をするわけです。わざわざ自分に不利なテーマ設定をするわけはない。自分に都合のいい争点を提示して、これが争点ですと仕掛けてくるのは当たり前なんですね。そこで、アベノミクスこそが争点だと考えている新聞社は、そのとおりにやればいいですが、いやいやそうではないだろうという新聞は、それぞれの立場で、こちらこそが争点だと主張していく。それがメディアの力なんだと思います。

かつての小泉内閣の時も、小泉さんは郵政民営化という、ワンテーマ、ワンイシューで一挙に突破しようとしたときに、ほかにも争点があるんだという声がかき消されてしまった（二〇〇五年九月の総選挙）。後になっていろいろなメディアがそれを反省したわけですが、その反省を生かした報道の仕方が今は必要ではないかと思いますけどね。

メディアと民主主義

大石　安倍政権とメディアということで考えると、民主党政権時代、「ねじれ国会」当時の「決められない政治」が批判され、それから「決められる政治」というキャッチフレーズがかなり出回った時期がありますね。どんどん決断していく、ある種すかっとした気持ちよさと同時にそれに伴う危うさを、本来メディアは報じていかなければならない。それにもかかわらず、一定の決断をすばやく下していくことをよしとする考え方があります。でも、時間がかかっても熟慮をしながら、みんなの合意を取って少しずつ反対派の意見を取り入れ、それをなだめながらいくのが民主主義だという考え方もある。両者の折り合いについてはどうお考えですか。

池上　おっしゃるとおりで、民主主義はものすごく手間暇がかかり、お金がかかる仕組みですよね。メディアはどこかに無責任なところがあって、民主党の時代にはいろいろなことが決められないと、決められる政権が求められると言い、安倍政権になって「決められる政治」ということで、どんどんいろいろなことが決められるようになると、今度はそれでいいのかとそれに対する異議申し立てをやっている。メディアというのは常にそのときのやり方に対して批判をするという無責任な部分がある。でも、それも含めて大事な民主主義なんだと私は思っています。

その意味で言うと、今回の安倍さんの解散総選挙は、アベノミクスというよりは安倍さんのための選挙で、安倍さんがとにかくやりたいことをやっているだけなんだなと、私は批判的に受けとめます。その一方で、この選挙のために六百何十億円のお金が使われるのが無駄遣いだという言い方をされると、少し引っ掛かるんですね。一番お金がかからないのは選挙を行わない体制ですが、それが一番コストが少なくなるからいいかというと、決してそうではないわけです。私は今回の解散総選挙にはいろいろな疑問を持っていますけれども、民主主義はお金がものすごくかかるものなんだよということは言いたいですね。

6　ジャーナリズムの国籍

大石　ここで話題を変えます。ジャーナリズムには国籍はやはりありますよね。

池上　ありますね。

大石　戦争報道に限らずに、それぞれの国の支配的な価値観を反映して、メディアが報道し、解説し、論評する。そのときどきに考えられている国益観を取り込みつつ、今、世界で起きている状況についてメディアが報道していく。これを当然のこととしてわれわれは受けとめてよろしいのでしょうか。

池上　そこがものすごく難しいところです。メディアに国籍があるという話で言えば、例えば北方領土や尖閣諸島は日本の領土だということを自明の事実として、それを前提に報道していますよね。相手の国には違う論理があるんだよ、理屈があるんだよということを、あまり言わない。向こうの言い分をきちんと紹介すると、ものすごく叩かれる、批判されるということもあって、やはりどこのメディアも国籍を離れることができない。それは相手の国に関してもそうですよね。ただし、それですべていいのかというと、そうではないのだろうと思うんですね。

そもそも真実とは何か。私は真実とは、人間は絶対たどり着くことができないものだと思っています。神のみぞ知るのが真実であって、ジャーナリストは、そこにあるさまざまな事実をパズルのように組み立てて、記事を真実に少しでも近づけようという努力をします。「これが真実だ」というような言い方は、私は絶対したくない。さまざまな事実をどう組み立てていくかが、ジャーナリストに求められていることだと思います。

そのときに、どうしても私たちは国籍から離れられない。それは、私は日本人ですし、日本が大好きですし、日本の言い分を認めてもらいたいという思いが必ずあります。でもその一方で、事実を追求するジャーナリストのプロ精神から言えば、日本の言い分も違うかもしれないというところも含めて、取材あるいは報道していくことが大事なことなんだろうなと思うんですね。

例えば、アメリカのCNNが世界展開をするときに、「foreign」と言わずに「international」という言葉を使えという言い方をしました。また、アメリカ軍のことを、CNNは「米軍」、「US airforce」とか、「US army」と言う一方で、アメリカのFOXテレビは「我が軍」、「our army」、「our airforce」と言うわけです。あくまで「our」（我々の）と言い明らかに国籍を出していることがあります。これはいかがなものかと思います。

かつてイギリスがサッチャー政権のときにフォークランド紛争がありました。イギリス軍がアルゼンチン軍とフォークランドをめぐって戦争になったときに、イギリスのBBCが、「イギリス軍対アルゼンチン軍」という報道をしていたら、BBCの会長が国会に呼び出されて、なぜ「我が軍」と言わないのかと国会で追及されたんです。そのときにBBCの会長が、あなたに愛国心について説教される筋合いはないと反論したんです。

メディアには国籍がありますが、少しでも客観的に伝えようとする努力は必要なのではないか。「我が軍」と

言った瞬間に、明らかに敵か味方かに分かれてしまう。アメリカ軍かイラク軍か、イギリス軍かアルゼンチン軍かという客観的な言い方は、メディアとして守るべきものなのだろうと私は思いますけどね。

大石　メディアは、ジャーナリズムは国籍を持たざるを得ないけれども、同時にそれをどれだけ突き放す視点を持てるか。先ほどの領土問題は自国の利益に直結しますので、その辺についてはやはり異論を許さない部分が、どうしてもありますね。

池上　異論を許さないという社会それ自体が、非常に許容度の狭い社会ですよね。本来、民主主義社会というのは多様な言論、異論を許す社会ですよね。それをもっと大切にしなければいけないのではないかと思うんです。

この前、韓国からの留学生が、日本のテレビを見たらびっくりしたと言ったんですね。ロシアで隕石が落ちた映像が出たときに日本のテレビを見ていたら、あるコメンテーターが、「あの隕石が尖閣諸島とか竹島に落ちていれば、全部島がなくなって、何の問題もなくなりますよね」と言っていた。韓国でそんなことを言ったら袋叩きになるけれど、日本はそんな言論の自由があるんですねとびっくりしていましてね。とんでもないことを言うコメンテーターと思ったけれど、そういう評価のされ方があるのかなと。私は思わず胸を張って、「うん、日本にはそれだけの自由な言論空間があるんだよ」と、変に自慢してしまったのですが、そういうことも含めて、何でも言える社会は大切なことだと思いますね。

7　ジャーナリズム不信とジャーナリスト教育

ネット時代のジャーナリズム批判

大石　今、特に大学などにいますと、学生たちの新聞離れと同時に、匿名によるネット上でのジャーナリズム批判が非常に多く見られます。一番ターゲットにされているのは当然朝日新聞で、あたかも流行のように、朝日は批判されるわけです。そういうジャーナリズム不信がある一方で、皮肉なことに日本の新聞は、宅配制度、購読料の口座引き落としなどの制度によって、部数の大幅減をかろうじて免れている。そう考えると、非常に多くの新聞が社会に配布されているにもかかわらず、先ほども申し上げたようにその影響力を低下させてきた。その一方で、センセーショナルで非常に感情的な新聞批判、メディア批判がネット上で飛び交う、ジャーナリズム不信が高まる。この状況についてどうお考えですか。

池上　たぶんそれは、新聞あるいはテレビに対する過大な期待の裏返しかなという気がするんですね。例えば、ある新聞社が大きく取り上げているものをほかの新聞社が取り上げなかった。あるいはＮＨＫが取り上げない。なぜ取り上げないのか。どういう意図をもってこれを取り上げないんだと苦情がきたりするわけです。何のことはない、その新聞社の特ダネで、ほかの社もＮＨＫも含めて、その事実関係の裏付けが取れないから、必死になって追いかけようとしているけれど、確認が取れないから報じていないだけということがよくあります。それなのに、「なぜ報じないんだ」、「何か意図があるんだろう」と言われるんです。その時は「すみません、確認が取れたら報道します」としか言いようがない。

この前、集団的自衛権を認めることを閣議決定したときに、新宿で焼身自殺を図った人が出たんですね。ネットではすぐ伝えられた。ところがテレビが報じない。「どういう意図を持って隠しているんだろう」と、結構いろいろな人から聞かれたんです。私はびっくりしましてね。焼身自殺したという事実があっても、本当に集団的自衛権を閣議決定したことに絶望して焼身自殺を図ったのかの確認が取れなければ、そんなことは報じられるわけはないでしょう。その確認に時間がかかっていたから速報が出なかっただけで、ある程度確認が取れた段階で、夜のニュースではいくつかのテレビ局が報じ、翌日の新聞でも報じています。

確認が取れないものは出せないという、記者の「いろは」ですよね。それを知らないまま、ネットで出ているのに「何でやらないのだろう」、「どういう意図があるんだ」という批判が出ます。どういう意図も何もない。確認が取れないだけなんです。大きなメディアが報道しない、できない、そこの部分を過大に評価して、逆に過大評価しているがゆえに、何で報じないいんだろうという陰謀論につながってきてしまうのかなと思います。新聞記者もテレビ局の記者も人間ですから、あらゆる情報を得られるわけがない。よその報道を見てびっくり仰天して、情報を追いかけることはいくらでもあって、確認が取れなくてイライラすることはいくらでもあるんだということを知っていただきたいなと思います。

ジャーナリストの資質

大石　ジャーナリズムに対する不信については、期待の裏返しという側面は確かにあると思うんです。しかしながら、もう一方の側面で、今回の朝日の一連の誤報の問題もそうですが、いろいろな情報をきちんと収集して、裏を取って、ニュースに仕立て上げて、適切な解説をして、社論で自分たちの意見をどんと述べる。そういうある種の整ったジャーナリズムの姿がいろいろなところでほころびを見せるようになってきた。それがネットの上でも批判されている。複数の新聞間、メディア間で相互の批判がもっともっと行われていいわけですが、それが適切な形で行われることはあまりない。というよりも、誹謗中傷的な批判が例えば週刊誌などで繰り返される。それがまたジャーナリズム不信につながり、ジャーナリストの資質、特に新聞ジャーナリストの資質に対しても疑問が提示される機会が多くなってきた。この点についてはいかがでしょうか。

池上　確かに最近は大学生でも新聞記者志向がものすごく減っている。テレビ局の場合でいうと、報道分野を志望する学生が非常に少ない。あるテレビ局の場合、その会社に入りたいという学生の中で報道志望が一人もいなかった。みんなバラエティをやりたいと言うようになっていた。そんな話を聞いたことがあります。それを危機だと言うかもしれないですが、四十年ぐらい前、実は記者という職業はかなり嫌われていましたよね。大学の成績が悪く、一般企業に入れないような、どうしようもない連中が新聞記者になった。NHKは誰でも受験できましたが、民放は誰かの紹介などが幅をきかせていた時代もありました。アナウンサーは別だったようですが。新聞記者は嫌われたり、それこそ地方に行くと、「シッシッ」と追いやられたりする存在だったんです。社会の嫌われ者ですよね。他人のアラをほじくり出したり、世の中の悪いことを報じたりするわけですから。

でも、記者は本来そういうものだったのではないのかという気持ちがどこかにあります。エリートになりすぎてしまったことのほうが間違いなのではないかと。結構いい給料を取る新聞社もあったりするわけでしょう。それはそもそも違うのではないかなという気持ちが、どこかにあります。すごく逆説的な言い方ですが、世の中で嫌われる存在でも、給料が安くても、それでも俺は、私は記者になるんだ、ジャーナリストになるんだという人がいてこそ、健全なのではないかなと思います。バブルのころ、銀行に内定していたのですがＮＨＫに来ましたと言って入ってきたディレクターがいました。びっくり仰天して、「おまえ、やめちまえ」と叫んだんです。銀行かＮＨＫかという選択はあり得ないだろうと激怒したのですが、その新人はわかってくれなかったですね。世の中から批判される、嫌われるというのは、ひょっとしたらジャーナリズム本来の姿に戻ってきたのではないか、それはそれでいいのではないか、と逆に思ってしまいます。

記者会見という儀式

大石　例えば記者会見のとき、ろくに質問もしないで、ずっとパソコンをにらんでカシャカシャカシャカシャというキーボードをたたく音だけが部屋に響くという情景はよく目にします。正直あれを見ると、私はひどく悲しい気持ちになります。ＩＴ化が進むことで、自己鍛錬も含めて、記者教育自体がかなりおかしくなってきているのではないかと。長年ジャーナリズム研究やマスコミュニケーションを論じてきて、いろいろな記者とそれなりにおつき合いがありますが、実際そう思いますね。

池上　何をやっているんだとしか言いようがないですよね。だいたいＩＣレコーダーを置いて、でも一生懸命メモを取っている。要するに、デスクが「早くメモを送れ」などと言っているわけです。まったく無意味ですよね。記者は話をしている人の顔色を見て、言葉ではこう言っているけれども、そのときの顔の表情で本心から言っているのか皮肉を言っているのか、無理やりうそを言わされて苦しい立場なのかを見破って、本質的な質問をするのが本来のあり方ですよね。そういう意味で言うと、あれは本当に間違っています。そして、そんなことを命令したりしているデスクにも大きな問題がある。とにかくデスクがそのメモをいち早く見たいわけですよね。それは本当に記者の力をどんどん失わせていくことだと思います。

そういう記者会見で発表したある人から聞いたのですが、発表後に「質問がありますか」と言ったら、何の質問もないんですね。それはそうですよね、メモを取るのに一生懸命だったから、疑問点が浮かぶわけもない。そこで、質問がないとまずいんだろうと思ったらしくて記者が質問したのですが、それは先ほど発表しましたが、という本当に気が抜けたレベルのものだった。発表する側は何の質問もされなくていい。厳しい質問をされなくていいわけですから、こんなに楽で、うれしいことはない。これはメディアとしての自殺行為だと思っています。

大石　よく「発表ジャーナリズム」という言い方を、ジャーナリストの原寿雄さんなどもおっしゃっていて、記者クラブの弊害といった問題についても語られています。日本の場合、今お話しくださったように、記者会見がかねてからかなり儀式化している。いわゆる「夜討ち朝駆け」的な取材の方が重んじられ、記者会見が軽視されてきた。その場合に生じるのが、取材源との距離という問題ですよね。今はひょっとしたら、取材源との距離を縮めるということもしないし、記者会見でも下を向いたままになってしまった。もちろん、取材源との距離が近すぎるというのも問題ではありますが。

池上　私はかつて警視庁捜査一課を担当しており、捜査二課の記者会見は出たことがなかったのですが、捜査二課の記者会見はどんなやりとりがあるのかと聞いたら、最初から最後まで誰も質問をしないというのです。うっかり何か質問をしたら、こういうことをあの社は知っているんだということがよその社にわかってしまうから、何も質問をしないんだという。

何をやっているんだと思いましたね。捜査一課の記者会見の場合に「その後、捜査の状況はどうですか」とがんがん質問をするのですが、そんな質問をするとそういうことを知らないほかの社に情報を与えてしまうからやめろ、と私も言われたことがあります。何のために記者会見をしているのかというのがありますよね。まして政治家の記者会見だと、そういうことになってしまうのでしょうね。それぐらいだったらやめればいい。やるのだったらそこで真剣勝負だと思いますけどね。

大石 今まで経験された中で、この真剣勝負の記者会見は面白かったという例はありますか。

池上 思いつかないですね。テレビで記者会見の中継を見ていて、「こういうことを質問しろ」、「何言ってんだ」とテレビに向かって怒っていたことはありますけど。

大石 ある種「名人芸」的な技術を身につけているような記者は、取材源、情報源にある程度食い込んで、その上で十取ったうちの情報を三つ、四つ出していって、六、七はしまっておく。また次の展開が出てきたときに、その取っておいたほうから小出しにしていって、自分には全体の構図は見えているけれども、読者には少しずつ出していけばいい。わりとそういうことを実践されている記者もいますよね。

池上　昔は大勢いらっしゃいました。

大石　それは、不確定な部分があるからその情報は出さないのですか。それとも情報源との距離の問題からそれは出さないほうがいいと判断するのですか。

池上　これは両方ですね。いろいろあります。情報源との信頼関係だから、ここまでは書いてもいいけれども、ここはもう少し待ってくれよなと。だから、時が来たら書いてもらってもいいけれど、今はやめてくれと言われて書かないものもあります。一方で、いろいろなことを知った上で、ここまで書くとかえって煩雑になりすぎるからわかりやすい記事を書くためにやめておこうというものはありますよね。

8　ジャーナリストをめざす皆さんへ

池上　最後に、もう一つだけお話ししていいですか。

先ほど大石先生が「発表ジャーナリズム」という話をされたのですが、昔は新聞やテレビはものすごく特権的でした。役所の記者クラブにいると、当局が出す発表文をもらって書くわけですが、その発表文を持っているのはそこにいる記者たちだけです。読者や視聴者はその発表文を手に入れていないわけだから、それぞれが自由に書いた。ところが今はネットが広がり、役所が記者会見をした後、それをウェブサイトに載せるので、それを見れば誰でも発表内容がわかる。

つまり、記者にとっては非常に厳しい時代になっていますね。それぞれの専門家がネットで見る。それによって新聞記者が特権的な位置を失っているわけです。まさにネット時代ゆえの厳しさがある。そのときに単なる特権階級ではない、この発表文の原文をネットで手に入れ、もっと自分より詳しいプロが厳しい目で見ているんだという意識を記者は持たざるを得なくなってきている。そうした中で記者は何ができるのか。

そこでできるのは、たんにそれを速報するのではなく、その記者なりの分析なのではないか。ネットの発表文だけを見て何か言うだけの連中とはまったく違う、いろいろな豊富な経験に基づいてそれを解説する、あるいは記事を書いていく。そういう記者の力が今、求められている。われわれの現役時代に比べて、はるかに厳しい時代だと思います。だからこそ頑張ってほしいと思いますけれどもね。

大石　最後に記者、ジャーナリストを希望する学生へ、励ましの言葉をいただきたいと思います。

池上　私は慶應の経済学部卒なんですが、昔、警視庁捜査一課の捜査員の家に行って、夜回りをしていました。「君はどこ出ているの」と聞かれて「慶應の経済です」と言ったら、びっくりした顔をされてね。なぜ銀行か商社へ行かなかったのと言われましたね。銀行か商社に行けるのは成績がいい人だけですよ。オールAを取っている連中は商社や銀行に行きますが、私のように成績の悪いのはメディアに行くしかなかったんですよという話をしました。

当時はそういう時代だったんです。メディア、あるいは取材する記者が、エリートではそもそもいけないんですよ。それこそ市井の人々の、喜び、悲しみ、苦しみをともにしてこそ、本来のジャーナリストになるわけですから、今こそ本当の意味でのジャーナリストになりたいという人にとっては、いい時代なんだろうと私は思うんです。

そして、高みに立って世の中を論じることも大事ですが、そのためには地を這いつくばる取材経験があってこそ、そういうことが言えるんですよね。エリートで楽しいところだからいらっしゃいなどと絶対言えないですよね。「なんでこんなところに来たの」などと言われるような仕事が本来の仕事なのだろうと思うんです。それでもよろしければめざしてみたらどうですか、としか言いようがないですね。

大石　今日は、本当に有益かつ貴重な多くのお話をしていただきました。ありがとうございました。

（二〇一四年十二月一日）

Ⅱ ジャーナリズムを見る視角

駒村圭吾

山腰修三

片山杜秀

大石　裕

9　原発報道とジャーナリズム

戦後日本社会と原発報道

大石　それでは「ジャーナリズムを見る視角」というテーマで、座談会を始めます。この夏（二〇一四年）、朝日新聞の誤報問題と、それをきっかけに生じた朝日新聞批判がとても大きな社会問題として取り上げられました。それらがジャーナリズムにとって、あるいはジャーナリズム研究の視点から見た場合、きわめて重要な出来事であったのは間違いありません。この問題を中心に、それぞれ専門の立場から率直なご意見をうかがえればと思います。

はじめに、吉田調書の問題として取り上げられた原発問題についてお聞きします。ただし、吉田調書の問題だけを扱うということではなく、まず原発問題とジャーナリズム、特に三・一一以前・以後の報道について、山腰さんからご自身が手がけた調査も含めて、問題提起をお願いします。

山腰　三・一一以後、特にメディア研究やジャーナリズム研究の中では原発報道の分析が非常にさかんになりました。私はある種レイトカマー、遅れた参加者という形でそれらに携わってきました。そのとき私は、原発報道を三・一一の以前と以後で区分せず、両者の連続性を重視したほうがいいのではないかということを特に意識していました。

ジャーナリズムに注目した場合、大きな社会問題に関する報道の分析から日本の政治社会、あるいは価値観の特徴が見えてきます。私がこれまで手がけてきた、例えば沖縄の米軍基地問題でも水俣病問題でもそうです。これら二つの問題の報道を分析してきた視点を原発問題に応用するという観点から、三・一一以前の報道の傾向を捉える必要があると考えていました。

個々の原発事故に関しては、全国紙をはじめ、特に地方紙、地元紙がさまざまな側面から積極的に報道を行ってきました。しかし結果的には、総じて日本のメディアが原子力政策を容認し、維持、促進してきたことは否めません。特にその過程で原子力の平和利用や安全神話という理念やイデオロギーを再生産してきました。

このように要約してしまうと話は単純ですが、原発をめぐる報道はそれだけにとどまりませんでした。実際、平和利用や安全神話というものを中心にしながらも、それらと結びつく形で、例えば地域振興というテーマが出てきたり、あるいは技術立国、環境にやさしいクリーンなエネルギーといった戦後社会の中で支持され、共有されてきたような価値観やシンボルと結びつく形で報道されてきたと言えます。つまり、原発をめぐる報道と、そうした戦後日本社会の価値観との関連性に注目する必要があるのではないか、ということです。

大石　例えば一九六〇年代後半から七〇年代にかけて、日本では開発よりも環境保護の方が大事という価値観がかなり広まっていきますね。開発よりも環境に価値を置くといったとき、原発の問題もその例外ではなかったと思うのですが。常に環境問題と結びつけられて議論されてきたのではないということですか。原発立地と環境保護という背反する二つの価値観は、当時齟齬をきたさなかったのでしょうか。

山腰　愛媛県の伊方原発訴訟や福井県の若狭湾の反原発運動などをめぐって生じた紛争の中でそうした問題に触れた報道はあったかもしれませんが、環境保護の価値観がジャーナリズムにおいて脱原発の流れを形成することはありませんでした。例えばその頃、水俣病事件は公害問題として、戦後日本社会の支配的な価値観、つまり、高度経済成長や地域振興のあり方そのものを問う大きな争点へと展開しつつありましたが、原発をめぐる報道では、少なくとも全国紙のレベルではそのような争点化は主流とならなかったと言えます。

大石　そうすると、環境破壊と原発立地、両者の問題が直接結びつくことはあまりなかった。メディアはそれよりも、原発が地域振興に寄与するかどうか、あるいは日本が自前でエネルギーを調達できるとか、そういう問題と結びつけて報道する傾向が震災前は非常に強かった。そういう見立てができるということですか。

山腰　そうです。原発報道は例えば福島で見ると、福島民報という地元紙は、浜通りの貧しさがはじめにあって、そこをどう開発していくのかという文脈、あるいは枠組みで初期の報道を行っていました。全国紙も基本的にはそういう視点で報道していたと言えます。

大石　こうした問題について、片山さんはどのようにお考えですか。

片山　私はこの問題の専門家ではまったくないのですけれど、一般的なイメージでお話ししますと、原子力発電を推進するというときに、それがどの程度環境に影響を及ぼすかに関しては、最初の段階ではまだあまりわかっていなかった。平和利用の場合の事故リスクというものはあまり大きな問題ではないのではないかというのが、最初のころのイメージだったと思います。

それが五〇年代半ばからでしょうか、そして六〇年代にかけて、例えばイギリスでのウィンズケール原子炉火災事故（一九五七年）などいろいろな問題が生じて、次第に変わっていった。当時の日本の反原発運動がいわゆる反体制派と結びついたり、そうした運動が公害問題を意識するようになった漁業者と結びつくようになりました。実際に三重県度会郡の芦浜原子力発電所の計画など、漁民が市民運動と結びつくことで原発建設が阻止された例はたくさんあります。東北電力の女川原発も結局は建設されましたが、非常に長期にわたって反対運動が生じていた。原発建設をめぐっては、そういうケースだらけになっていった。

思い起こせば、「西ドイツで最悪レベルの原発事故が起こったらヨーロッパは壊滅する」なんていう記事がしょっちゅう載っていたと思います。私が小学生、中学生のころでしょうか、『技術と人間』という雑誌を見ると、原発事故によるカタストロフに警鐘を鳴らす記事がたくさんありました。小説や映画になると、七〇年代には、原発のハイリスクがもたらす破滅的事態というのは既に定番化していた印象もあり、例えば東宝映画の『ノストラダムスの大予言』（一九七四年）では、丹波哲郎扮するノストラダムスに傾倒する研究者が、大地震による原発事故で想像を絶する惨害が日本を襲うと予言し、その場面が凄まじい特撮で大スクリーンに映されて、私は子供心に絶望的な気分になったものでした。

そういう見方というのは、全国紙、あるいは地方紙など、いわゆる普通の新聞のレベルでは、反映していなかったと考えるべきなのですか。

山腰　事故のリスクや脅威という視点よりも、平和国家や技術立国というシンボルに裏打ちされた「原子力の平和利用」や「安全神話」という視点が前面に出ていた、ということだと思います。特に三・一一以降、メディア史的な視点から、原発推進にメディアはどう関わってきたのかという問題が積極的に取り上げられるようになりました。この問題に関わる報道資料なども いろいろな形で掘り起こされてきました。読売新聞は昔からかなり明確に、それこそ正力松太郎氏が社の実権を握っていた頃から原発を推進していました。「第五福竜丸事件」（一九五四年）が起きたときにも、被害のむごたらしさは報道されるのですが、読売の紙面には「だから原子力は平和のために使わなければいけない」という見出しが載ったりするわけです。

七〇年代にアメリカでスリーマイル島原発事故があり、八〇年代にはソ連のチェルノブイリ原発事故がありました。チェルノブイリ原発事故が起きた直後の朝日と読売の報道を見ると、日本に放射能がやってくることに関しては非常に不安を想起させるような報道はあるのですが、しかしそれも日本の技術であればチェルノブイリのよう

なことは起こらない、という方向へと最終的には収斂していくのです。

大石　そういうときは、政府や専門家などの談話を用いることが多いのか、それとも見出しや記事全体の内容が安全神話の方に引っ張っていこうとしていたのですか。あるいは両者だったのか。

山腰　そうした論調は、もちろん原発推進側のロジックと非常に関連していました。事故が起こった直後から通産省や電気事業連合会は、「チェルノブイリ原発のような炉型は日本には存在しないので、日本ではこういう事故は起こらない」というメッセージを積極的に発信していました。新聞の方も、当初はそうしたメッセージを引用して、日本にはこういう型の原発はないという見出しが出るわけです。

ただその後、事故から一カ月ほど経って社説が掲載されますが、そこでは「日本ではこういう型の原発はないのでチェルノブイリのような事故が起こることはないけれども、安全性をより一層高めていく必要がある」というロジックが「常識」、つまり議論の余地のない前提として出てくるようになる。

片山　七〇年代になると、日本で原発が実際に稼働し始めたり増えたりしていきますよね。オイルショックによって省エネに対する関心の高まりが一つの転機になると思いますが、七〇年代に「原発にはリスクもある」というような報道は、全国紙レベルだとまずないと考えていいのですか。

山腰　例えば朝日新聞などは、当時、リスクの報道を積極的に行うべきだという記者も多くいたのではないでしょうか。実際に事故や紛争の中で批判的な報道も行われる。その一方で、大熊由紀子さんという記者が原子力開発の正当性を訴える連載を朝日の紙面で書き、それが本になるのもこの頃です。朝日の記者である上丸洋一さんが、『原発とメディア』（朝日新聞出版、二〇一二年）という本で過去の朝日の報道の検証をしていますが、特に七〇年代に「ＹＥＳ　ＢＵＴ（原発の必要性は認めるが、廃棄物処理や安全対策などに厳しく注文をつける）」という朝日の社の方針が定まってくることが描かれています。つまり、この時期に注文をつけつつも最終的に原発推進を支えていくという方向が明確に定まっていったと見ることができます。

片山　社会党系と目される人でも、かつては有沢広巳（経済学者、日本原子力産業協会第三代会長）、松前重義（科学技術者、原子力基本法制定に尽力）など、とにかく原発を推進し、国力を増進させ、それを国民に平等に分配すべきという主張を展開していた有力な学者・知識者たちがずいぶんいました。松前重義は代議士にもなった。子供のころ『未来の世界』という子供向け学習図鑑を愛読していましたが、この本は岸田純之助（朝日新聞元論説主幹）が関与している。そこでは原子力技術がすぐ核融合発電所まで到達して、近未来に電力をほぼ無限に安全に使える時代が来ると、予測されていました。「ウランの核分裂に頼ると、原子力発電には汚染の心配がついてまわるけれども、核融合になれば水素があればいいのだから、クリーンで安全です」みたいな話が書いてあったと記憶しています。私はそれを読んで、大人になる頃には必ずそうなっていると信じましたね。何しろ小学館の学習図鑑で、朝日新聞の偉い人が書いているのですからね。

スリーマイル島の原発事故のときは、結局は大したことのない事故という方に落とし込んでゆく報道の流れであったかと、当時の新聞読者としては、そういう記憶を持っています。チェルノブイリのときも、山腰さんが指摘された通りだと思うのですが、そうすると三・一一より前は、非常に大づかみに言うと、全国的なメディアには原発反対という明確な主張はなかったとまとめられることになりますか。

山腰　個別の事件や出来事に対する批判的な報道はあっても、それが脱原発という社論へと展開しなかった、と言えます。九〇代後半ぐらいから、高速増殖炉もんじゅなどの事故が続いて起きましたが、特に朝日新聞は、事故が起こるとかなり厳しい報道をしたのは確かです。ただ全国紙と地方紙とを区分して考えると、事故が起きたときには地方紙や地元紙のほうが非常に敏感に反応して、報道したと思います。

そういう点から一つ興味深いのは、二〇〇二年に東電の福島第一原発でトラブル隠しがあったときのことです。当時の福島県知事であった佐藤栄佐久さんが、きちんと安全性が確認されない原発は再稼働させないという方針を前面に出し、それに新潟県が同調しました。その結果、二〇〇三年の春先ぐらいに東電の管轄の原発が全部止まるということが起きました。福島の地元紙も県の姿勢を支持し、国の原子力政策に異議申し立てを行いました。

そのときに読売や日経は社説で「福島県や新潟県は原発を早く再稼働すべき、そうしないと首都圏が電力危機に陥る」と主張しました。このロジックからは中央、すなわち「中心」のために地方、すなわち「周辺」に負担を強いるという権力構造を読み取ることができます。実はこうしたロジックは三・一一の後の再稼働をめぐる報道にも通底しているのではないでしょうか。

政策の「当事者」としてのジャーナリズム

駒村　皆さんが歴史の話をされているようなので、私も自分史の話から入らせていただきます。私が高校生・大学生だったのは七〇年代後半から八〇年代の前半ぐらいでした。高校時代は、所属していたクラブで高木仁三郎（原子力資料情報室元代表、反原発運動の中心的人物だった物理学者）の原発に関する本をみんなでよく読んでいました。また、あのころ、「広島の経験をヨーロッパに輸出すべきである、ヨーロッパの同志と連帯して反原発運動を盛り上げよう」という動きがありました。Hiroshima から Euroshima へ、という運動だったと記憶しております。こういう知識は何から得ていたかというと、狭義のジャーナリズムではなく、芸術など広い意味での文化活動からであり、例えば作家やミュージシャンなどが先導していたイメージがあります。

また、ティム・オブライエンというアメリカの作家が『ニュークリア・エイジ』（文藝春秋、一九八五年）という本を書いていて、「われわれの世代はニュークリア・エイジだ。核というものと、あるいは放射性物質というものと、不即不離に生きていく時代なのだ」

というメッセージを強く受け止めたことを覚えています。私自身の個人的経験を一般化することはできませんが、私たちの世代は、原子力は怖い、しかしその怖いものと共存を強いられる世代であるという観念を強く持ってしまった、そういうジェネレーションだと思います。

しかしそこに新聞などのマスメディアの報道がどのような影響を与えたかを振り返ってみると、「あまり印象にない」と言っていいのではないかと思います。われわれにそれを与えてくれたメディアは新書であり、芸術家の運動であり、外国作家の小説だったわけです。そういう文化活動が世界認識を作り得た時代だったのかもしれません。

もう一つ。例えば科学技術政策がどのように変転してきたかという文脈で考えてみると、新聞をはじめとするメディアは、文化運動の先導というよりもむしろ政策の形成と執行に強い影響を与えてきたと思います。その意味では、政策形成の当事者であったという見方がとれると思います。当事者と批判者という分け方をすると、この問題についてメディアは当事者の側に入っていたという見方がとれるし、実際そうだったと思います。

それから産業論的に見ると、何をやるにしても電力は必要です。新聞も当然電力がなければ輪転機は動きませんし、販売もできない。そうして見ると、例えば電気事業連合会の存在や、テレビの収入源である広告クライアントとしての電力会社の存在が浮かび上がってきて、結局、メディアにしても「要するに僕らも共犯者だよね」みたいな話になってくる。原発の問題はその点を抜きにして議論できないということがあると思います。

このように、マスコミは政策形成に関与してきたし、また、産業構造論的な見方もリアルな視点として重要です。しかし、政策のアクターとしてメディアを見る、そうした見方それ自体問題なのではないか。

私は憲法を専門とする者なので規範的な議論をやりすぎるのかもしれませんが、政策や思想のアクターとしてメディアをとらえるという見方それ自体が、おそらくジャーナリズムを考えるときに大きな障壁になると考えているのです。

大石　駒村さんの主張は、メディアが報道し、世論が喚起され、政策が変更されるといった場合に、その一連の政策過程、政治過程を取り巻く、例えば経済発展優先主義や既得権益のネットワークの中の主要アクターの一つとしてジャーナリズムを捉えるという見方は一面的ではないか、もっと言えば、政策に関する評価という観点と結びつけて報道や論評を評価する、という姿勢は適切ではないという解釈でよろしいですか。

駒村　メディアやジャーナリズムが、それぞれの政策、あるいは思想の動態に関わっていることは否定できないし、事実だと思います。私が危惧するのは、メディアがそうした政策や思想との関わりを計算に入れながら行動していいのかということです。もちろん実態としてはそうなのですが、ジャーナリズムという職責、職能をどう捉えるかを問う場合、そうした実態や関わりといったん切り離して見ていく視点がぜひ必要だという主張です。

大石　なるほど。例えば読売新聞が原発推進のキャンペーンを長年行っていたとしても、読売というアクターを原発関連政策と一体化して評価するのではなく、両者を切り離して、すなわち政策評価とは別にしてジャーナリズムの職責や職能について考えたほうがよいということですね。

駒村　はい。

分極化する世論と言論

大石　それでは、先ほど山腰さんが触れられた、三・一一以降の原発再稼働の問題に話を進めます。この問題については、ご存じのように、日本の言論は大別して二分化されているといっていいと思います。他の争点や問題と比較的同じような区分ができていて、「朝日、毎日、東京」というグループと、「読売、産経、日経」というグループとに区分できるかと思います。

こういう二極化された言論が政策に直接反映しているというよりも、社会の人々の考え方がそのように二分されている。一方では、電気料金の問題や計画停電を経験して、安定した電力供給を希望し、原発再稼働を望む人たちがいる。経済界などでも経済的な課題を優先して、再稼働に賛成する意見が多い。その際には、先ほど山腰さんが触れられたように、火力発電と比べて原発は「クリーン」なエネルギーだという環境問題の話も当然出てくる。他方では、三・一一を経験して自然エネルギーへの転換を大前提に、原発依存は極力抑えていくべき、避けていくべきだという主張がある。

新聞ではこうした二つの論調が存在しますし、世論も政治のレベルでもほぼそうだと思います。こうした構図をジャーナリズム論に引き寄せて見た場合、この二分化された報道をどう考えたらいいのでしょうか。

山腰　メディア、とくに新聞が、一方において再稼働を推進する側と、再稼働に待ったをかけるという二つの極に分かれていったときに、お互いが見たいものしか見なくなるという問題があります。報道するときにはニュースバリューというものがあって、それぞれのジャーナリストやジャーナリズムの組織が重要だと判断する出来事、あるいはある出来事の重要だと思う側面を選択して、それをニュースにしていきます。再稼働に反対する運動は一部のメディアにとってその重要性は高く、例えば東京新聞は、そうした運動を積極的に報道していく。他方、読売新聞のような原発を推進していく側は別のニュースバリューに従って反対運動は重視せず、他の出来事や別の人物に焦点を当てた報道をしていく。そうなっていくと、互いに接点のない報道になってしまうのではないでしょうか。

それからもう一つ。今年（二〇一四年）の三月十一日前後のテレビニュースを見て思ったのですが、その二つの対立軸がそれぞれ非常にわかりやすいストーリーへと回収されていっているなと。例えば日本テレビ系の「ＮＥＷＳ ＺＥＲＯ」は、小泉進次郎復興大臣政務官とニュースのスタッフが一緒に被災地をまわって、「これから復興していくのだ」というストーリーを前面に出す報道をしていた。他方、テレビ朝日系の「報道ステーション」は、甲状腺がんの疑いのある子供を持つ福島の母親たちの告発といった出来事をいわば加害者対被害者という二項対立図式で報道していくわけです。もちろん二つとも非常に重要な報道ですが、お互い違う視点を提示している。番組の中では多様性はなくて、非常にシンプルなストーリーがある。

それは新聞も同じだと思います。ある新聞を読んである番組を見ている人たちが、もしかしたら一つの観点、一つの立場からの情報しか入手できないとなれば、それはまさに今の日本社会の世論の二つの分断状況をより一層促進してしまうのではないでしょうか。

大石　ただ、読者や視聴者の多くはかつては一つのテレビニュースや一つの新聞にしか接していませんでしたが、今はそういうことはありません。ネットなども活用しながらさまざまな情報を得ています。読者や視聴者の多くも実は迷っている。安価な電力を安定供給してほしいという気持ちがある一方で、やはり原発は怖いという気持ちを持っていたりする。そうしたある種の複雑さを、二極化したメディアはなかなか引き受けてくれない、そういう言い方ができると思うのですが。

山腰　そうですね。特に原発立地地域や放射線量が高い地域に住んでいる人たちにとっては、原発再稼働という問題はわかりやすいストーリーに回収されるものではなく、矛盾や心の揺れがあると思います。当事者が持っているそうした複雑さを、当事者の外側にいる人たちが共有しなければいけないと思うのですが、そこを考える機会が少なくなってしまっているのではないでしょうか。

大石　今の分断されている言論、メディア状況では、そうした対話が成り立ちづらくなっていると。

片山　そこは大変難しい問題になっていると思います。駒村さんもおっしゃったように、近代国家は産業国家をめざす限り、電気は必須である。大企業に限らず国民にとってのいろいろな意味での科学技術による便利さは、すべて電気なしではは じまらない。社会主義、共産主義でも資本主義でも、極端な農本主義といった文明の形態を選択しない限りは、電化の必要はないという人はまずいません。

産業規模や人口、文明の生活レベルに見合った形で電気が必要だという点では、読売だろうが朝日だろうが産経だろうが、統一土俵ができ上がっていた。原発のリスクに関しても、「少し危ないのではないか」「絶対大丈夫だ」など一定のバリエーションはあったにせよ、とりあえずは同じ土俵で報道できていたと思います。

ところが三・一一を経験し、日本では原発事故は絶対起きないという安全神話が崩れてしまった。その後の報道は、客観報道の土俵が非常に狭くなって、それでもどうしてもとりあえずは日本社会に対する電力の安定的供給のために原発の電気は必要だという立場と、電気のために国土喪失のリスクまで取るのかという立場にかなり割れてしまった。ものの見事に再稼働賛成と反対とで棲み分けができてしまった。そして、国民はそれぞれの立場によって、なるべく自分の主張にあったどちらか片側だけを見てうなずいている状態でしょう。これほど、テレビはどの局を見て新聞はどれを読むかという選好が、露骨なまでの立場の違いに直結する情況というのは、戦後日本ではなかったのではないですか。雑誌なら『世界』か『文藝春秋』かくらいの違いはありますが、朝日新聞と読売新聞ではそこまでは違わなかった。日本の大新聞は国民みんなが読むことを前提としてそれなりの中庸の美徳を保ってきましたから。保革対立の長い「五五年体制期」でもそうだったでしょう。ところがついに原発事故が一種の踏み絵となって、しっかり割れてしまった。そこで、改めて両者をすり寄せるためにどういう論理があるのかということを、メディアも国民も政治家も提示できていない。

あと、今はもうネット社会だから国民も自分の都合のいいことだけを検索して見続けてしまうのですね。不都合な報道・意見に触れないようにして、都合のいいほうだけを深めてゆくのがけっこう容易なのです。これでは世論はいつまでも割れたままですね。つまりメディアは三・一一の前と後で、とりあえず同じ土俵に立っていたという状況から完全に変わってしまったという印象を持ちます。

駒村　大筋において問題意識は共有しています。今、片山さん、山腰さんの提起された問題点は、私もそのとおりだと思います。

ただその前にお断りしておきたいのは、先ほどから述べていることですが、再稼働の問題を含めて原発政策についてどういう主張をするのかということは、ジャーナリズムの本質とはほとんど関係ないと思っています。それとは違う次元で見なければ、ジャーナリズムの将来はないのではないか。

それを前提に言わせていただくと、再稼働についてはさまざまに意見が分かれている。それ自体はきわめて健全な状況だと思います。それぞれの表現主体が自分の言いたいことを言って国論を二分する状況はやっかいですが健全で、むしろそういう対立が見えてこない状況のほうがはるかに問題だと思うのです。

ハーバード大学にキャス・サンスティーンという憲法学者がいます。情報政策の専門家でもある彼が言っているのは、同じ志向性を持った者同士が集まって議論していると、どんどんエスカレートしていく。集団分極化、グループ・ポーラライゼーションというのですが、それは非常に危険である。どこかに異見とふれあい自分たちの立ち位置を俯瞰できるパブリック・フォーラム、つまり言論の広場を設定しなければならないという主張をずっとしています。

今の状況もそうで、趣味の合う仲間同士ではもう原発再稼働は当たり前だろう、また趣味の合う別の仲間の中では再稼働はまかりならん、というのが並走している。私どものように学問の世界に生きている人間は、両方見ているはずだと思います。その場合、「なぜ両方の主張を見ているのか」「いかなるメディアでこれら二つの主張に接しているのか」ということが重要になります。

むしろ私たち研究者にこそ当てはまるのかもしれませんが、仲間同士で群れ合っている人たちは、自分たちの集団から離れて議論状況全体を俯瞰できるメディアを持っていない場合が多い。情報が多様に流れて意見が対立しているという状況は、情報空間全体から見れば健全ですが、個々の意見共同体の中に閉じこもっていては対立が激化するばかりで、折り合いをつけることができなくなりますので、どこかで意見の分岐の全体像を俯瞰できるメディアがどうしても必要になってくるわけです。

そういうメディアはかつてはあったと思いますが、三・一一以降、その種のメディアが見当たらず、それが非常に危険な状態であるという認識を持っています。私は「情報の多様性」に対してある種の「準拠枠」を構築しなければいけないとずっと言い続けているのですが（駒村圭吾「多様性の再生産と準拠枠構築」、駒村圭吾・鈴木秀美編著『表現の自由Ⅰ——状況へ』尚学社、二〇一一年）、それは非常に評判が悪くて、「お前は準拠枠によって多様な言論を一つにまとめたいと思っているのか」と批判されることがあります。

その点については、多様に流れていたほうがいい情報があると同時に、一元的に流れなければいけない情報というものがあるというのが一つ。もう一つは、政策・思想の妥当性を考えるためには、「この見解に賛成です」と支持表明するだけではなく、対立する見解の存在を知り、論点の分岐を認識できるような情報媒体がなければいけないという点が挙げられると思います。

なぜかというと、原発の問題は専門的かつ多層的で、しかもそれらが互いに絡み合っているからです。再稼働の問題はまず地元がどう判断するかという問題であり、電力政策全般で言えば日本全体の問題でもある。もっと言えば、ヨーロッパの責任ある機関が核の飛散状況をずっと流し続けていますが、その点からすれば世界的な問題でもあり、さらには、文明史的な問題かもしれないわけです。こういう問題の層をわかって議論する必要があるけれども、ではそれを認識可能なかたちで提供する装置としてのメディアやジャーナリズムがどこかにあるのかというと、非常に心もとないのではないのでしょうか。

メディアの公共性

大石　科学技術のように非常に専門性の高い領域では、問題は専門用語、つまりジャーゴンとして業界用語の中で語られている。例えばエネルギー政策をめぐる論争というのは存在していますが、当然のことながらそこでの論争、あるいはその影響を受けた政策は、全国民に、全社会の構成員に影響を及ぼしてくる。

そのときに専門用語、業界用語を、社会の構成員にどう噛み砕いて伝えられるか。確かに、それを俯瞰するような、従来のメディアを超えたメディア、従来のジャーナリズムを超えたジャーナリズムのような装置が成り立っていないと、その複雑さをわかりやすく伝えようとしたときに、どうしてもある種のストーリーを作ったり、言葉を単純化せざるを得なくなったりという状況が生じてくると思います。

しかし、今は多層化し、多様化した考え方を一つのメディアで請け負うことが非常に難しい状況になっている。メディアの公共性といっても、その面ではかなりの限界が見えてしまう。駒村さんの指摘は非常に説得力があるのですが、原発再稼働の問題をジャーナリズムの問題に引き寄せたときに、はたして朝日新聞なり読売新聞、あるいはＮＨＫという一つのメディアが、それらの多様な見方を提示できるのでしょうか。

駒村　それは非常に難しい問題です。後ほど表現の自由のところでお話をしようと思っていたのですが、世論形成ということ語弊があるかもしれませんが、非常に大きな問題を議論する求心力のある装置がかつてはあったと思います。一つが大学、もう一つは新聞でした。電車に乗れば、『文藝春秋』『中央公論』『アエラ』の中吊り広告があって、通勤しているだけで今どういうふうに議論が分岐しているか、ある程度わかった。新聞でも本体の記事ではなく、広告欄にその種のバラエティがあった。つまり、新聞の広告欄や通勤電車の中吊り広告が多様性を提供するメディアだったわけです。今はその数も減り、あってもみんなカスタマイズ可能なメディアやスマートフォンばかり見ている。大学に行っても、われわれの共通土台である法学部の中にも、すごく左翼的な先生もいれば、保守丸出しの先生もいた。その影響を受けた学生たちが大学の中で口角泡を飛ばしているという状況が昔はあった。要するに、キャンパスそのものが多様性を提供するメディアだったと思いますが、それがどうもそうでなくなりつつある。

メディアで言えば、ＮＨＫが日本の言論状況において非常に欠くべからざる存在です。三・一一のときにどのチャンネルを見ていたかというと、かなりの視聴者がＮＨＫを見ていたと思います。水野倫之解説委員と山崎淑行記者の報道と、あとは野村正育アナウンサーの顔をずっと見ていたわけです。水野さんの淡々と落ち着いた語り口と、山崎さんのどこかに批判的な熱情を込めたような、それでもそれを抑えながら報道している姿勢。彼らの存在が、もしかすると官邸発表以上にわれわれの初動における安心感を支えていたと思います。

この人たちが当時の報道をいかに苦悩してやっていたか、特に放射性物質の情報をわかりやすく伝えなければいけないという報道現場の緊張した日々を振り返って、三・一一の数カ月後に本を出しています（『緊急解説！　福島第一原発事故と放射線』NHK出版新書、二〇一一年）。報道現場にいた人たちがこうした解説書を出し、その中で政府、東電、ジャーナリズムにかなり批判的な見解も載せているわけです。これを読むと、彼らが政治的なニュアンスはもちろんのこと、安全情報の出し方にも注意しながら、いかに苦悩しつつ頑張ったかということがよくわかります。こういう苦悩があって、あの安心感のある顔をわれわれはずっと見ていた。それが国民を支えていたと思います。NHKの面目躍如というところではないでしょうか。

ところが、ポスト三・一一の時代状況で最も問題をはらんだ存在となったのがNHKだと思います。その後NHKがどうなったかは言うまでもないことで、民主党政権が瓦解し、安倍政権が出てきて、ＮＨＫの幹部にパーソナルな政治的主張を奔放になさる方が就かれた。もしかすると日本だけではなくてアジアレベルで見ても非常に大きな文化的インスティテュートであると言ってよい、ＮＨＫの信頼性を揺さぶるような人事がこういう形で行われているということは、不幸なことです。

ポスト三・一一のもう一つの問題点は、国民にとって幸か不幸か評価は分かれますが、東京オリンピックが決まったということではないでしょうか。あのとき安倍首相が演説の中で原発事故に関して「アンダー・コントロール」と言い、それを前提に東京オリンピックの招致をした。これは日本の経済にとっては大きな起爆剤になるかもしれない一大イベントであるという了解があった。したがって、メディアもこの発言を一応は問題視しながらも、正面切ってなかなか「アンダー・コントロールではない」と言えない状況にあると思います。

後で国益の話が出てきますが、今申し上げた意味において、外交上の国益問題以上に、日本の国益に背くかどうかという判断の葛藤が深刻なのは、原発報道の方だと思います。そういう中で、これは個人的な印象かもしれませんが、外面的には中立であり国民からも一定程度は信頼されているはずのＮＨＫが、こうやって政治に取り込まれているということが最も深刻な問題だと思います。

片山　今の問題に関連して、安倍首相が「アンダー・コントロール」という発言をし、東京オリンピックの招致が決定した後、ＮＨＫは福島県などの放射能汚染の実態、あるいは福島県や茨城県の太平洋沿岸、さらには東京湾の放射能汚染といった問題に関して「ＮＨＫスペシャル」（「メルトダウン　放射能〝大量放出〟の真相」）で取り上げました。ああいう報道が感覚的には非常に減ってしまったという印象がありますが、数量的に確かめられていますか。

山腰　確かなデータは示せないのですが、オリンピック招致以前のことで言えば、例えば三・一一の後にＮＨＫのＥＴＶ特集が汚染マップを作りました。そのときに、放射能の関係で入ってはいけないラインを越えて取材をしたということがあります。それがネットを中心にかなり評価されたのですが、ＮＨＫという組織の中では必ずしも評価されなかった。

片山　規則を破ったということで？

大石　この種の問題は、ジャーナリズムの業界や組織の中ではよく見られることですね。規則が設けられてしまい、記者の活動を縛ってしまう。戦争報道のときでもそうですね。

特に組織の場合、記者に何か事故や問題が生じたときには、生命が危機にさらされるという問題もありますが、誰が責任を取るかという問題も生じる。そうなると、どうしても消極的になって、かえってフリーランスの記者のほうが大胆な取材ができるということはよくありますね。

それから、先ほどから問題となっている「フクシマ（福島）とオリンピック」については、かつて山腰さんにもシンポジウム（「フクシマとオリンピック」）で問題提起していただいたことがあります（「水俣を忘れた世論とジャーナリズムからフクシマとオリンピックを考える」『Journalism』二〇一四年二月号、朝日新聞出版）。

世論調査の不思議

大石　次の問題に移りますが、実は原発事故のときの新聞の世論調査には大変驚きました。三・一一の二週間後ぐらいに、「今回の原発に対する対策は適切だと思うか」という世論調査をまず共同通信社と読売新聞が行い、その後朝日新聞と毎日新聞も追いかけてやりました。これは明らかに菅直人政権批判を調査の目的の一つにしていました。もちろん後から見れば菅政権の原発事故対応策が不十分なのは明らかです。しかしその当時、はたして原発事故の対策のどこまでが正しく、どこまで有効性があるのか、まったく評価できないあの段階で、日本のジャーナリズムはそういう世論調査を平気で実施していた。

菅政権はご存じのようにあのとき「国難」ということで自民党との大連立まで考え、当時の谷垣禎一自民党総裁に一緒に政権を作ろうと持ちかけて断られたりしているわけです。その狙いや手法が妥当であったかどうかは評価が分かれるところですが、少なくともジャーナリズムがまったく不適切な段階で世論調査を実施した。聞かれた回答者のほうだってわかりはしないですよ。それでも答えさせるわけです。原発事故発生から、菅政権の対応を批判していたジャーナリズムが、自ら実施した世論調査結果を有力な根拠として、政権批判の度合いを一段と強めていくようになりました。菅政権批判ということでは、報道と世論調査結果がある種の循環現象、さらには増幅現象を起こすことになりました。

原発事故への対処という前例のない大問題を前にして、メディアは一方ではそうした状況を懸命に報じながらも、他方では対策を講じ、政策を進めようとしている菅政権の足を引っ張るようなことを平気でやっていた。あのときは、菅政権のみならず日本全体がそれこそ日々走りながら考えていたときです。その段階で日本のジャーナリズムは、一般の人々の強い不安感とは違う感覚を持ち、それに基づいて平気で世論調査を設計し、実施してしまう。そこに感性のズレを強く感じました。

駒村　メディアは「空気」を測定するという形での世論調査をよくしたがりますね。原発事故という問題は専門家でも議論が分かれている重大事象で、しかも緊急事態の連続です。そこで評価すべき尺度や情報を提供されていないにもかかわらず、「今の空気をどう読みますか」ということを尋ねる世論調査に何の意味があるのか、さっぱりわからない。

片山　つまり、ある意図を持った世論誘導ですね。先ほどの駒村さんのお話のように、本来であればいわゆるフォーラム機能を持たせるために、まず「今の状況はこうです」ということをNHKの理想的な解説委員のように、嚙み砕いて説明して、最大限に客観化して、少しでも広い視野で捉えるのがメディアの役割でしょう。それが新聞はどれがあの立場でどれがこの立場、テレビも同じ、ネットも同じでもう細かく棲み分けされていく、受け手は都合のいいものを拾ってくる。とにかくネットだけでも情報量が多いですから、普通の人の可処分時間も情報処理能力も飽和してしまう。極端な言い方をすれば自分の意見を確かめて満足して終わり。この繰り返しになってしまう。意見の違う人との建設的対話までは、この構図が続くかぎり、なかなかたどり着けません。それが現状でしょう。

しかも、フォーラム機能を果たすだけの体力が少なくとも新聞では、かなり落ちてきているのではないでしょうか。国民に広く網をかけることを存在の大前提にしてきた日本の大新聞が、部数の減少に直面する中で、「国民みんな」という想定読者を失って、それでもコアな支持層を離さないようにと、想定読者を狭めて守りに入っていくけれど、バランスのいい上手な撤退戦はなかなかできない。露骨に偏ってしまう。そこから、メディアが何か特定の政治的な意図を持って、特定の政党なり政治勢力に奉仕するためのアリバイづくりの世論調査をしているのではないかという具合になっていってしまう。大石さんがおっしゃったような話は典型的な例で、原発の事故の規模すらわかっていないときに適切な検証、対応もないじゃないですか。

「吉田調書」誤報の問題

大石　次に朝日新聞の誤報問題、まずは原発事故に関する吉田調書の誤報問題について話し合いたいと思います。山腰さんは原発、あるいは原発事故報道に関して研究されてきましたが、八月の吉田調書と、それに関する五月二十日の記事、その後の誤報を認めた記者会見など、今回の一連の朝日新聞の社内処分等を含めてどのような考えをお持ちですか。

山腰　報道を見たときの最初の率直な印象は、もしこれが本当だったらすごいことだなとびっくりしました。ただ、あまりにもできすぎているという感じを持ちましたし、ほかの新聞が後追いして報道しない点も気になっていました。

朝日新聞の第三者機関「報道と人権委員会」が二〇一四年十一月に発表したこの問題の報告書を見ると、一つはニュースメイキング、すなわちニュースの生産過程という点でいろいろな問題があることがよくわかります。二人の記者でこの吉田調書を抱え込んでしまって、上司にも見せなかった。上司も記者を信用して調書を見なかった。チェック体制の問題があるのではないかと思います。そういう問題が、もちろん朝日新聞社内の個人や組織のレベルにありました。

もう一つ、これがなぜ誤報として叩かれ、批判されるようになったのか、その問題自体も考えなければいけないと思います。先ほどの話と関連してきますが、今の日本の言論や世論の状況は原発推進と脱原発のように二分化されていて、メディアの中ではそれぞれの主張がかなりのニュースバリューを持っています。

今回の報道の問題は、脱原発に関して強い志向性を持ち、かつそれに高いニュースバリューを認めた人たちが情報を取捨選択していった結果、こういう誤報が生じてしまった。そして、それを吉田証言の問題と絡み合う形で一部のメディアが誤報として大々的に取り上げ、批判していった。要するにニュースメイキングのレベルの問題と、それを取り巻く政治・社会状況というか価値観の対立状況の両側面から捉えるべき問題だと思います。

大石　片山さんは一連の報道をご覧になってどうお感じになりましたか。

片山　今回の朝日の対応は、記事の修正ではなく、取り消してしまったわけです。でも、ちょっと極端な解釈をすると、この記事が全部間違っているかというと、そうでもないような印象を私は今でも持っています。この点はいかがですか。

山腰　要するに、この記事を誤報だと名づけ、意味づけて、問題化していきたい勢力が存在した結果、これだけ大きな問題になったと思います。ただジャーナリズムという問題で考えれば、実際に福島第一原発にいて吉田所長の指示を聞いた人たちにきちんと取材して、周到に固めてから出してもいい記事だったのではないかという点は、問題点として当然あります。

大石　誤報という場合、二つに分類できるかと思います。一つは、情報源から得た情報を報道する場合に、入手した情報それ自体が間違っている場合です。もう一つは、資料や証言を歪曲することで生じる誤報です。今回の誤報は後者のケースにあたります。資料を歪めて報道してしまったわけです。情報源から提供された情報を適切に要約せずに伝えてしまった。これは誤報と批判されてもやむを得ない一つの事例だったと思います。

ただ山腰さんが指摘されたように、誤報に対する批判がどういう文脈で語られてきたかというのは、それとは別の問題として論じる必要がある。ところが両者が混在して論じられてきたがゆえに、朝日新聞の報道それ自体が誤りなのだから、朝日の主張する反原発の論理もおかしいではないか。さらには、原発反対という考え方は歪曲された危うい事実の上に乗っかっているのではないか、といったイメージが拡散してきたのだろうと思います。

片山　朝日としては、同じ誤報への対応でも記事の書き方を変えていくようなやり方を取り得たと思います。しかし、慰安婦問題などほかのいろいろな問題の中での政治的な判断として、結局これは全部取り消してしまったほうがいいと決断した。すべて取り消さなくてもよかったかもしれないにもかかわらずです。朝日としては記事を修正し「すみません」と言いながら、吉田調書に関する報道の姿勢を変えていくというようなことでも対応可能だったようにも思うのですが。

山腰　もちろんこの問題だけで見たときには、そういうこともあり得たと思います。ただこの報告書を見ると、七月以降の流れはかなり急展開で、朝日新聞としてこれは早く収拾したほうがいいという方向に組織として判断したのでしょう。

駒村　もう一度繰り返して申し訳ないのですが、この問題もジャーナリズムの本来の筋から言えば、それとは別なところで起きた事件ではないかと思っています。

朝日がとり得た方法として、もちろん発言は引用されているのですが、発言の重要な部分をテキストそのものに語らせる、そういう戦略もあったと思います。それがある一定の解釈を通じて誘導的になってしまった。それは朝日がある種の政治的、政策的な方向性を持っていて、記者が無意識に、これを使って何か別なことを達成しようとしたのではないかと読み取られる可能性がある。そういう意味で、ジャーナリズムの本義からすると、得たニュース素材そのものに語らせるという方法をなぜ取らなかったのかということが一つ。

それから、これは後述の「吉田証言」問題にも当てはまりますが、誤報なのは間違いないとしても、一般論として、競合関係にある新聞社はなぜ「誤報は報道につきものである」と言わなかったのか、せめて「やむを得ない面もある」となぜ言わなかったのか。事実の重大性も含めて考えれば、そのように言うわけには行かないのは当然なのかもしれません。しかしながら、朝日新聞と政治的方向性を異にするメディアが、これをきっかけに朝日新聞の筋力を弱くしようという形のキャンペーンを行ったように映るところがある。朝日もその批判者も両方とも、ジャーナリズムの本来でない部分のものに突き動かされているというイメージを持ちますね。

片山　私は新聞が弱体化してしまっていることが、こうした問題の大きな前提だと思います。昔だったら、とにかく新聞というのは影響力が大きくて当たり前で、もっと余裕をもって大人の闘いができた。ところが今はいろいろなメディアとの競争にさらされて、新聞がなくなるのではという主張がふつうに行われる時代です。そこで、私企業としての新聞の生き残りのほうが優先されてしまって、新聞というメディアの弱さがもろに出てきてしまった。

駒村　こういう報道に関してジャーナリズムの本義から外れたところで袋叩きにすることは、批判の応酬と映る限りではある種健全ではあっても、長い目で見た場合に自縄自縛というか、自分で自分の首を絞めていることになるのではないかと思いますね。

10 歴史問題とジャーナリズム

ジャーナリズムと歴史認識

大石　続きまして、慰安婦問題に関する「吉田証言」とそれに密接に絡む歴史認識、すなわち歴史認識とメディアという問題に話を進めたいと思います。

一九八〇年代後半に中曽根康弘元首相が主張した「戦後政治の総決算」に象徴される、歴史を見直そうという一連の動きがありました。こうした問題はオブラートに包んでそっとしておいて、日本は平和国家だ、文化国家だ、経済大国だというところで幅広い合意を得て、日本は発展をとげてきた。第二次世界大戦については、日本社会はわりと被害者優先の意識が強く出て、加害者の部分には目を背ける傾向が見られた。したがって、歴史認識の問題は、あえて大きな問題にはしたがらなかった。

ところが保守的、あるいは復古的なナショナリズムの立場に立つ人たちが、例えば「自虐史観」という言葉を用いて、戦前・戦中もそうだし、戦後も含めて歴史評価を見直すべきだと非常に強く主張し始めます。そのときに、それまで比較的一部の有識者の中で限られて論じられていた戦争加害者の問題が同時に水位を上げて、日本社会の中で表面化してくるわけです。それが八〇年代後半、九〇年代ぐらいからですね。ところが、そうして表面化してきた論争は近隣諸国から見れば、日本はまだまともに戦争を反省していないと捉えられてしまう。

その中で戦争加害者の側面を比較的強く打ち出している朝日新聞が慰安婦問題を積極的

に報じ、その過程で報じた吉田証言が誤報であったということで、この問題は一段と大きく取り上げられるようになった。しかも原発の吉田調書の問題と重なり合って、ある種、雪だるま式に朝日批判が活発に行われるようになってきたという文脈が存在したと思います。吉田証言をめぐるこのような朝日の誤報問題批判について、率直なご意見をお聞かせいただきたいと思います。

片山　吉田証言そのものの話は実際に嘘だったのか。嘘だとしたらかなり初期の段階である程度わかっていたはずではないかなど、具体的な話はいろいろあると思います。

歴史の文脈で今の大石さんのお話を踏まえていうと、例えば韓国軍事政権に対する批判の本は岩波書店などからかなり早い段階に出ていたし、アジアの中のどの勢力と連帯すべきとか、韓国でも財閥や軍閥や軍事政権は民衆の敵といったような内容の出版物は日本でもずいぶん出まわっていたわけです。

国によって異なるとは思いますが、七〇年代、八〇年代、少なくとも冷戦構造の崩壊期までは日本が戦争加害者、被害者だと言っても、例えば中国国内では大きく問

題視されなかった。中国は文化大革命（一九六六－七七年）が終わり、社会が比較的安定するまでは、日本国内での日中戦争の評価が一般市民に直接伝わるような段階ではなかったので、日本で何を言っていようがそれほど関心が持たれなかった。

日本と韓国との間には、それこそいろいろな問題がありました。でも、少なくとも「反共」という点では大枠一致していて、北朝鮮、中国、ソ連とどう向き合っていくかが重大事だった。当時は冷戦構造の中で、まさに反共防波堤、日米安保、台湾との連帯、その中での西側諸国の発展という枠の中で議論されることが多かった。そう言うと進歩的文化人のような言い方になりますが、韓国軍事政権と自民党政権が支配する中で、日韓関係のネガティブな要素は一部の言論を除けばあまり表面化することはなかった。日韓関係のこじれた部分を優先しないほうがよいのではといった共通の認識が、当時のある世代に存在していた。

それが、一九八〇年代終わりから九〇年代にかけて冷戦構造が崩壊し、加えて戦争経験世代の人たちが少なくなっていく。純粋な戦後育ちの人が増加してくる。慰安婦問題の場合、その被害者たちは若いときに悲惨な経験をしていて中にはご存命の方がいる。そういう世代間の認識の格差、歴史の進展という状況の中で慰安婦問題が顕在化してきた。そうした時期と吉田証言の報道が、タイミングとしては符号した。あるいは、そういうタイミングだから吉田証言がバリューを持った。

日韓の反共の枠組み、そして中国は共産主義だから台湾とは友好関係をといった冷戦期の構図が崩れ、日本がアジア各国との連帯を真剣に考え始めたときに、歴史理解、歴史認識を共有する必要性が高まってきた。日本を含めたアジアでのそうした動きについては、特に日本の保守派の人たちは、反日的な、歓迎すべからざる事柄と考えたがります。しかし、むしろ冷戦構造崩壊期、崩壊後のアジアとの新しいつき合い方を探る中で、朝日新聞は、こうすれば日中や日韓の共通の理解が高まり、経済的・文化的交流も強まって日本の国益にもかなうという、ある種のアジア主義的なイデオロギーを強く代表してきたと思うんですね。さすが尾崎秀実の出た新聞社ということかもしれませんが。

韓国で盧泰愚政権が民主化を宣言して軍事政権時代が終わるのが一九八七年でしょう。で、「ベルリンの壁」の崩壊が八九年であると。このへんから、もうアジア諸国間の国民レベル、民衆レベルでの歴史認識の共有の問題が出てこざるを得ない。その段階で、日本がアジアとどう手をつなぐべきかを考えたとき、とられるべき一つの立場だったと思います。ただ、その一つの立場は、その立場、価値観に適合するような情報をついつい大きく扱いたがり、そういうバイアスがかかりすぎて、真偽の究明という基本がおろそかになるという、報道機関としては本末転倒したかたちが出てくる情況を作ったとは言えるのではないかと。

そうした報道姿勢が極端に出てしまったのが、この慰安婦問題に関する誤報だったのではないか。朝日新聞のイデオロギーからすると、これを訂正しなくても結局済むのではないか、という楽観的な思い込みがあったのかもしれません。なぜなら、日本の加害者としての立場を強調し、日本のアジアへの反省と謝罪を大前提にすることが、ポスト冷戦時代のアジア新秩序に日本が積極的な役割を果たすために絶対不可欠な条件であると、恐らく朝日新聞は考えてきたし、その前面に、象徴的に吉田証言が置かれてしまってきたからです。正面の看板を降ろすのは難しいという判断ですね。それでかなり長期にわたってこの誤報を訂正せずに、引きずり続けた。あとはタイミングの問題で、この段階で出てきたと。

「吉田証言」誤報の問題

大石　タイミングということで言いますと、第二次安倍政権が河野談話の見直しを積極的に進める中で、朝日新聞は今までパンドラの箱を開けないでいたのが開けざるを得なくなったということは言えると思います。なぜこのタイミングで吉田証言の誤報を認め、訂正記事を出したのかという理由は容易に推測できますね。朝日新聞としては、この誤報問題に関してけじめをつけてから、本格的な歴史認識論争に入りたかったのだろうと思います。そうでないと、いつまでもこの問題を引きずってしまう。

朝日新聞の木村伊量前社長の謝罪を聞くと、「朝日の歴史認識は間違っていない。ただこの記事は誤りであった」という論理に持っていきたかった。ところが、それに反し「いや、そんなことはないだろう。歴史のイメージや認識、記録や記憶というのは、事実の積み重ねがあって、それを基にいろいろ解釈する中で生まれてくるはずだ。その前提となる事実を朝日が誤って伝えたのは決定的にまずい」という主張、論調が主流となった。歴史を真剣に考え、向き合う人たちは、こうした主張を当然するわけです。

ただ、朝日の誤報が次の段階、歴史認識全般の問題という段階にすぐさま飛躍するのかというと、すなわち歴史認識の構図全体の問題として考えた場合には、やや違う展開も見えてくるようになった。朝日の誤報を批判した人の中でも、そこまで踏み込むことにかなり躊躇する人が出てきたような気がします。

もう一つの課題は、ジャーナリズムは日々生じた出来事をニュースとして報道しているわけですが、その場合に意識的か無意識的かは別として、はたして歴史認識という全体的な価値観の分布という重要な課題を記者がどの程度意識しているのかという問題が存在していると思います。もちろん朝日の記者の頭の中には、一方においてはリベラル派の主張があるし、回帰的、復古的なナショナリズムに対する反発があったかもしれない。

その上で私が言いたいのは、吉田証言というのは報道された当時はスクープであることは間違いなかった。「ほかのメディアでは報道していない証言をわれわれは聞き出した」という意識が記者の中にあっただろうということです。それが誤報であったわけです。吉田証言に関する一連の記事というのは、歴史認識に関する価値観、それにこの記事がスクープであるという意識、両者が化学反応を起こした結果だと言えます。それゆえに、この記事に対しては高い評価が与えられてしかるべきだという論理が朝日の社内の中でかなりできあがってしまった。だからこそ、この記事の訂正になかなか踏み切れなかった。実際には、朝日は九七年ぐらいから吉田証言を扱うことに消極的になり、記事の中で使用しなかったとは言うけれども、本格的に誤報を認めるにはかなりの時間を要してしまったということではないかと思います。

駒村　いつも頭をよぎるのですが、吉田〝証言〟という言い方をしますね。なぜ「証言」という法廷用語をわざわざ使うのか、私はわからないですね。証言というのは訴訟手続に則って、主に法廷の中で裁判官や当事者との対話の中で得られるものです。吉田証言というはそうではなく、言ってみれば談話みたいなものですね。

南アフリカのアパルトヘイト問題が落ち着いたころ、黒人たちに対していったいどういう残虐行為があったのかを、「真実和解委員会」（マンデラ大統領の呼びかけにより一九九六年に設置）という組織の中で被害者たちが発言したことがありました。この委員会では〝証言〟をする人は、複数の委員と傍聴人の前で、自身が体験したことを実名をもって語るわけです。これも訴訟手続ではないのですが、少なくとも真実和解委員会ではそういうスクリーニングの手続きがあった。

しかし、吉田証言はそうではなかったわけです。大新聞に掲載されることとの信用性と裁判官のスクリーニングを受けた事実認定とが、結局、同じ意味を持つ結果になっている。やはり、あれを証言と呼ぶこと自体が、まず間違っていると思います。

ではなぜ証言と呼ぶのかということが問題になるのですが、すでに若干述べましたように、何かこのことによってある一つの「事実」が確定できると思ったのではないか。それによって大きな物語の成立に影響を与えることができると思ったのではないか。さっき歴史認識というお話がありましたが、「認識」の意味にもよりますが、構成的に設定される歴史の捉え方という理解であれば、それはいわゆる物語の一つにすぎません。歴史認識という物語は、たかが一つの証言でひっくり返るものでもないし、あるいはそれで固まるものでもない。しかし、それに一石を投じ、挑戦するにはやはり一個の事実がほしかった。その思いが談話を証言にしてしまった。しかし、本来は、具体的かつ限定された出来事、すなわち強制性があったかどうかも含めて、慰安婦の斡旋が行われたか否かという論点に関して、何月何日にこういうことがあったという個別事実を確定するための議論をすべきだった。物語を個別事実に還元する努力が、きちんとなされるべきであった。

ところが、それを取り囲む議論は、「あちらの歴史認識は歪んでいる」「日本の国益を貶めた」という流れになっている。法律を専門とする立場から、あえてこだわりますが、「証言」という言葉を使う以上、本来の証言が受けるべき扱いを受けないで流通している証言を決定打だというのも間違っているし、この問題を歴史認識の水準でのみ捉えること自体も間違っている。証言という言葉を使うのだったら、証言にふさわしい取り扱いをすべきだと思いますね。

大石　山腰さん、そのあたりはいかがですか。

山腰　どうしてこのタイミングで吉田証言を誤報と認めたのか、という問題に立ち返りたいと思います。ジャーナリズムも歴史的な記憶を紡いでいくという点においては、やはり物語の作り手です。日本の歴史認識、特に戦争責任を考えていくときに、吉田証言はある意味わかりやすく、語りやすい材料だったのだろうと思います。しかし、それをもとに紡いでいく物語に、朝日新聞が次第に足かせをはめられていった、少なくともそう感じ始めたのではないかという解釈は成り立つと思います。

というのも、吉田証言にこだわっていくと、結局従軍慰安婦の問題を強制連行の有無というところに絞って語ることになってしまう。もっと広い意味での、特に九〇年代以降の国際的な水準で語られていくような人権の問題に仕切り直したいにもかかわらず、吉田証言から出てくる物語はそれに対する反論も含めて、強制連行の有無に収斂してしまう。

もう一つは、証言自体が正しくなかったというところで、この物語を一度リセットして、もっと別の物語として朝日新聞は提示したかった。まさに九三年の河野談話が語っている内容は、ある意味強制連行の有無に収まらない、もう少し広い意味での強制性であるはずです。ところが、安倍政権によってその見直しが進められ始めたときに、朝日新聞はある種玉を込め直したはずが、いろいろと問題が重なり、思惑通りにならなくなってしまった。

歴史認識と物語

大石　山腰さんの指摘はもっともだと思います。それに私がもう一つ付け加えたいのは、近年の日韓関係の冷え込みですね。Ｅ・Ｈ・カーの「歴史は現在と過去との対話である」という言葉はあまりに有名です。日韓の歴史的な問題と現在の日韓関係がまさに連動しているわけです。

慰安婦問題が繰り返し問題視され、日韓関係が悪化するわけですが、同時に日韓関係がよくないから、慰安婦問題などの歴史的な問題が浮上する。だからこそ、この問題を韓国が政治利用しているのではないかという批判が日本では絶えないわけです。ここ二、三年の安倍晋三政権と朴槿恵政権の関係の極端な冷え込み、しかもここ数年の間に日本で深刻化した在日韓国朝鮮人に対するヘイトスピーチの問題、それから韓国内における反日運動、それらが慰安婦問題のような歴史的な問題と連動してきたと言えます。

かつての日本では差別意識を持っていた人が数多くいたのは、残念ながら確かだと思います。そうした時代から韓流ブームや日韓ワールドカップ共催によって、日韓の相互理解がだいぶ進んできた。しかし、喉に突き刺さった問題として、領土問題、慰安婦問題、教科書問題等があったわけです。政治家の度重なる問題発言もあった。慰安婦問題の場合、当事者が直接に声を上げ始めた点が重要です。「アジア女性基金」などを通して、日本もいろいろ対策を講じてきました。喫緊に解決すべき課題という認識は日本側にもあった。それが現状を見ると、日本の中で反韓論が高まってきてしまった。いろいろなメディア、特にネットメディアでも、差別発言がどんどん出てくる。

そういう文脈の中で見ると、実は今回、非常に強く朝日批判をしているメディアが、反韓的あるいは反中的なメディアとかなり重なっています。それを見ますと、歴史認識も含めて韓国との関係に対するある種の認識の違いがある。アジアの中における日本の立ち位置、位置づけの問題、それに関するズレ、差異が二つの言論空間を成り立たせてしまっている。今回の一連の朝日批判を考える上では、こうした構図をまず強く認識する必要がある。そう考えられると思うのですが、いかがですか。

駒村　歴史問題については、客観的に確認し得る不動の真実というものが果たして存在するのか、結局後になって構成的にしか、われわれの前に現れないのではないか、ということが問題になりますね。そういうものを認識するというのがいかなる作業なのか、そのあたりの理解がどうなっているのかよくわからないというのが実感です。先ほど「物語」という言い方をしましたが、おそらく歴史認識論の多くは、物語を共有するか否かという形態で議論される傾向が強いのではないか。そう見ると、多くの方に怒られるかもしれませんが、戦争によって多数の方々が亡くなり傷ついたという事実はあるにせよ、語られる次元ではそれらの悲惨な出来事も明らかに物語のレベルで議論されるということになる。

物語というのは批判しようがないんですね。その物語を受け入れるか受け入れないかしかない。ある特定の物語を受け入れている集団が観念的共同体としての「民族」を、あるいは「国家」を形成している。物語、民族、国家、この三つが連結しているとすれば、そこで生まれた物語を韓国と日本の間でお互い「違う」とか「こっちが優れている」という議論をしてもほとんど意味がない。いずれの政府にしても、一貫してそのレベルで勝負しようとしてきたのだったら、双方にとって絶対勝ち目のないことをしているのだと思います。

メディアもそこを考えてほしいと思います。物語を否定するためには、別の物語をぶつけるという戦略しかない。日韓で別の物語をお互いぶつけ合って、やがてそれがどういう結論になるかというと、みんなが飽きるか、みんなが頭に血が上って非常に決定的な事態になるか、どちらかしかないわけです。「そう思うのだったら仕方ありません」と謝罪することで、解決をはかる手ももちろんあります。しかし、もっと個別事実に還元して、それこそ丹念に「このときこういう事実がありました」とか「なかった」という水準で報道を心がけるべきなのではないか。

大石　そのまま、違う意見、証言が二つあるのだ、こういう異なる意見があるのだということを掲載する。それがメディア、ジャーナリズムとして歴史を見つめる際の重要な役割だと。

駒村　そうでしょうね。

片山　非常に乱暴に、報道のイデオロギー的効果という観点から歴史的に整理してみますと、しかもこの場合は誤報がからむのでややこしいのですが、とにかく八〇年代的な、韓国の民主化時代、冷戦構造の崩壊時代の文脈で、日本の加害者としての性格を強調して伝えれば時代にかなうという、バイアスがかかって報道内容を考えたがってしまう時代があったわけです。その時代においては、従軍慰安婦の問題は、日本の加害者的性格を出しやすいテーマの一つとして意識される。

けれども「軍隊に慰安婦がいないと片っ端から強姦してしまったり、性病が軍隊にまん延してしまったりする。そうなったら大変だから、そういう手当をするのは当たり前で悪いことではない」みたいな議論もずっとありますね。それはどこの国でもある問題だと。

合法的、非合法的に、しかも民間業者がやっていたとすれば、慰安婦をどうこういうことはない。そういう一つの常識もまた存在した。今でも存在しますけれども。すると、そういう八〇年代的情況において、日本が特別何か悪いことをしたのだと言うためには、かなり過激な事実が必要になってくる。そこにピッタリ欲しいものが出てきた。吉田証言ですね。暴力で強制して連行して慰安婦にしていたとなれば、誰でも納得せざるを得ない。ところが、吉田証言はどうやら眉唾であると。この眉唾な証言によって、第二次世界大戦期の日本が世界的に見て特別に性暴力的な軍国主義国であったという印象が世界に作られたとすれば、いわゆる愛国的な人たちでなくても、怒る人はたくさんいる。そしてついにようやく朝日は謝った。これで日本の恥や不名誉をようやく仕切り直すことができるようになった。そう思っている方も多いに違いない。

ところが歴史というのは非情で恐ろしいものなのですね。どんどんパラダイムを変えてしまう。先ほど山腰さんがおっしゃったように、その時代から九〇年代、二〇〇〇年代の間に、日韓だけの問題ではなく国際的な歴史認識でも、人権、特にフェミニズム的な主義主張に立脚した、女性の人権問題がすごく前に出てきた。とにかく女性に対して何か強制的なことを行うのはすべて悪いという論調が一般化してきて、強制連行はなかったと今言ったところであまり大勢に影響がなくなってしまっている。まさに河野談話のように広い意味での強制性があって、軍と業者が癒着して女性を連れて行って働かせていたのだといいうだけで十分インパクトがあるような時代に変わってきたわけですね。

結局、土俵を仕切り直すという朝日新聞の発想は、国際的に見ると、とても戦略的なやり方とも言えるでしょう。今「吉田証言は本当に間違った報道でした、すみません」と謝罪する一方で、「広義の強制性はあったので、その面を正確に報道してゆきます」という方向に持っていくのは、「肉を切らせて骨を断つ」的な、一種の上手な方法だと思うのです。もちろん、朝日新聞は派手に傷つきますし、現に傷ついているでしょう。でも、共通の歴史理解を作るために日本の戦争加害者としての側面を報道してゆく姿勢に変化はないというメッセージは国際的に見ると信任をかち得るでしょう。謝るところは謝って、まさに土俵を仕切り直すというのは、そういう意味ですね。

そうした仕切り直しは、国内的にはとにかく朝日が悪いという話に全部持って行かれることになるかもしれませんが、それは一時的なものではないか。そう考えてみると、少し時間を置けば、結局この問題については中長期的には朝日はダメージを回復できるのではないか。河野談話は生きていて、広い意味での強制性がある。そのことは安倍政権も認めざるを得ない。そうだとしたら、誤報を認め訂正したということは、本質的な次元では大転換ということにはならない。女性に対する暴力については広義の強制性の問題があれば、それだけで国際的な価値観ではネガティブであり、朝日はそちらの側に乗り続けることによって、この問題についてのグローバル・スタンダードの側に立ち続けられるわけです。

ジャーナリズムにとっては、この問題を訂正したという事実は確かに大きいことだと思います。朝日批判の人々は、この誤報を朝日が認めたことで歴史認識の物語が二〇一〇年代では変化したはずだ、それによって日本に対するイメージも変わるはずだと言っています。でも、そんなことはないと思います。

語られ、「構築」される歴史

大石　ジャーナリズムが歴史とどのように向き合うかということで言えば、いくつか難しい点がすぐに思い浮かびます。日本の新聞、全国紙は戦争と新聞の関わりといったテーマをはじめ、特集などを通じて歴史の問題に取り組むようになりました。その一方で、歴史学者が日々資料を収集し、それを紐解いて、事実を確定しようという仕事を行っています。

その対極に何があるかといえば、ドラマ、映画、小説等、フィクションを中心に形成された、歴史に関するイメージというものがある。歴史のイメージを組み立てている重要な担い手はフィクションですが、そのフィクションも一応は歴史的な事実を参照している。歴史的事実にある程度は基づいて創られたのがフィクションです。

ジャーナリズムは、このフィクションをもとにして歴史のイメージや歴史認識を形成しているオーディエンス、読者、視聴者と、事実を確定しようとしている歴史家の仕事の間の狭間にいるようなものです。歴史家から見ればフィクションは当然誤った内容を含んでいる。ところがジャーナリズムは、フィクションを通じて歴史のイメージを抱いているオーディエンスの考え方や歴史認識に関心を払いながら、歴史的な出来事の検証を行っていく。実際、そのプロセスの中では、例えばドラマの歴史的な登場人物に関する資料が新たに発掘され、それが報道されるといったことも生じるわけです。

そういうメカニズムの中で、メディア、あるいはジャーナリズムは歴史を記録するだけではなく、まさに歴史を作り上げていく、構築していく。そういう役割をジャーナリズムが担うようになってきた。特に新聞の場合には、他のメディアと比べて速報性などの面では遅れをとるようになってきたがゆえに、歴史的な問題と向き合うことが新聞の使命であ

るという認識が、ここ十年、二十年でかなり強まっている。それは一面では高く評価されるべきだと思います。

今回の吉田証言に関する誤報問題に関して、ジャーナリズムの使命の変遷という視点から見れば、特に新聞ジャーナリズムは吉田証言の問題を重く引き受けて認めざるを得ないのではないかと思います。日々情報を収集し、編集し、ニュースを作るのがジャーナリズムの主たる仕事とは言いながらも、新聞は提供する情報の内容がテレビやネットとは違う。新聞の場合、やや過去志向になり、使命感から歴史を発掘し、検証する作業を本格的にし始めたときの大きな勇み足が、今回の吉田証言の誤報だったのではないかという感じがします。

駒村　吉田発言に対して「証言」という形で書き、またわれわれもそれを受け入れているのは、朝日新聞をはじめとする新聞各紙に対するある種の期待の表れでもあると思います。テレビや雑誌、漫画とは違って、新聞が言っていることはかなり確実でしっかりとしたものではないかという信頼があった。だとすると、これだけ大きな問題になるのは、やはり朝日新聞がメディアの中でも非常に中心的な存在だったことを裏書きしていると思いますね。

ただそこで語られていることが、いわゆるファクト・ファインディング、事実の認定というものなのか、それともある種のストーリー、ナラティブ、物語なのかということです。歴史自体は大石さんがおっしゃるとおり両面性があって、歴史もストーリーテリング、つまり物語の一面があるわけで、語りたい人が語り続けるしかないわけです。

昔私が小さいときは金太郎とか桃太郎の童話がありましたが、今はそんな物語は誰も語らないかもしれない。物語は時とともに廃れていく。物語が重なり合い、入れ替わるということですね。そういう世界で何かをやりたいと思えば、朝日新聞は、新しい語り方を編み出すか、それを一挙にやめてファクト・ファインディングに徹するのか。いずれにしても朝日が今まで持ってきた発言力をこれからも維持しようとすれば、どちらの方向を選択するのかを明示し、私たちはそれを注視していくということではないでしょうか。

11 言論・表現の自由と「国益」

言論・表現の自由とは何か

大石　それでは次に、言論・表現の自由という問題に移ります。最近日本では「特定秘密保護法」といった問題に関しても、取材の自由の問題も含めさかんに論議されてきました。

　ジャーナリズムには報道の使命として、例えば国家機密を含めて、公的機関が隠そうとする秘密を暴露するということがある。秘密や機密を暴露することが、結果的に多くの国民にとって利益になるという考え方がある。その場合、ジャーナリストのスクープ意識が作用することももちろんありますが、そういう信念、使命を持って秘密を暴露すべきという考え方が一方にある。それと、そういう情報が暴露されることが行政側や政府側のいろいろな政策遂行にとって、一時的にせよ非常に大きな打撃を与える場合には、それはやはり秘密のままにすべきであるという主張がもう一方にある。両者のバランスをどう考えたらいいのか、憲法が専門の駒村さんに忌憚のない意見をいただきたいと思います。

駒村　まず、新聞、放送局など報道機関について憲法がどういう位置づけをしているか。

諸説ありますが、「博多駅テレビフィルム提出命令事件」（一九六九年）に関する決定で、最高裁判所は報道機関の報道のことを「国民の『知る権利』に奉仕するものである」と言っています。憲法二十一条には「表現の自由」と書いてありますが、その中に報道の自由や取材の自由を当然読み取ることができるという判断をしています。以上を前提としますと、報道機関は何のためにあるのかというと、国民の知る権利を代行するものとしての役割期待があり、最高裁もそれを「報道・取材の自由」という概念を解釈的に打ち立てて支援している、ということになろうかと思います。

ところが他方で、われわれが学部の一、二年生の頃に習った政治学等では、報道機関に対してはある種の番犬機能といいますか、政府を批判するという権力監視機能が期待されている。つまり国民の知る権利を代行するだけではなく、政府を批判的に監視するという実体的な役割も担ってもらうことが期待されている。

憲法の観点からしましても、国民が知りたいことを知らせるということと、批判的な視点から報道するということ、報道機関にはこの二つの機能がおそらくあるはずです。表現の自由というのは自己統治（self-government）、つまり民主政を駆動させるためにあるのだと、そのためには政府批判は不可欠だというわけですね。

そうすると二つの問題がある。一つは、国民の知る権利を代行している限りにおいて、報道機関は他の表現主体と違った扱いをされるということであれば、別に今の新聞でなくても構わないわけですね。他のもっと有効な媒体が出てきた場合、それに自分たちのポジションを奪われる宿命にあるということ。

もう一つは、批判をする役割を担っているというのであれば、市民感覚というか道徳的な視点からは、他人を批判する人は自分にも厳しくなければいけない。だから自分に対して最高度の倫理規範を立て、それを実践しながら批判をしなければいけない。

今回の誤報問題に関しても先ほどからいろいろな議論をしてまいりましたが、政府を批判する以上、真っ先に厳しい自己批判を展開しなければいけないという条件があると思います。昨今その部分の信用性が底抜けになりつつある。また、他の新聞社批判ばかりして、それぞれの新聞が自分に対してどういう厳しい条件を課しているのか。国民は意外にそこをちゃんと見ていて、「ああ、またやっているな」というレベルになっている。ＩＴ技術の発達によって、新聞はもしかしたらお株をとっくに奪われつつあるかもしれないのに。

これは実は新聞だけの問題ではなく、大学も同じ問題を抱えていると思います。昔は「新聞ぐらい読まなくては」「大学ぐらい出なくては」と言われていたのが、両方ともＩＴ

に顧客を奪われつつある。日本の言論空間・知的空間を担ってきた二つの機関が、ITによって実は大きな変貌を強いられている。博多駅テレビフィルム提出命令事件決定の枠組みが、今後どう変化していくのか、あるいはわれわれがそれをどのように変えていくのかという問題がそこには存在します。

また、批判機能についても課題があります。批判機能あるいは番犬機能を重視するのであれば、なるべく強い番犬を飼わなければいけない。チワワを置いておいてもしょうがないわけで、土佐犬のような猛犬を置かなければいけない。そして、強い犬になればなるほど、その強い犬は非常に強い自己拘束を自分に課さなければいけない。これをどういうふうに今後担保していくのか。仮にこれが新しいメディアに取って代わるとしても、そこにそういう機能と自己拘束を存置することができるのかどうか。言論・表現の自由の観点から言えば、これがおそらく今後のジャーナリズムにとって大きな課題になるのではないかと思います。

ジャーナリズムと国益

大石　明快な説明だったかと思います。

さて、国家機密の暴露の是非という問題を再度提起させていただきますと、例えば二〇一四年十一月に安倍首相と習近平主席が視線をあわせることなく会見を終えましたが、その前に両国間ではいろいろ外交交渉があって、環境を整えてからの会談になりました。そうすると、その前の外交交渉には複雑な部分が当然ある。それを暴露した場合、今の緊張した日中関係を前進させる妨げになる。それを暴露することの意味、あるいは使命感と外交的な国際関係のバランスというのは、どう考えていますか。

駒村　これもくどいようですが、ジャーナリズムが考えることではないのではないかと思います。

大石　では、ジャーナリズムはひたすら暴露すればいいと。

駒村　ええ。それが使命である。番犬が怪しい人に飛びかかるときに、それが泥棒なのか、近所の知り合いなのか識別しろと言われても無理なので、常に飛びかからなければいけないと思います。しかし報道のやり方に関する倫理というか、報道基準、報道の鉄則みたいなものは、やはり守るということだろうと思います。

最高裁判例の話で恐縮ですが、「西山事件」というのがありました。ご存じのように沖縄返還に関する日米政府間の密約を、当時、外務省の安川審議官の秘書をしていた女性事務官から毎日新聞の西山記者が機密文書をリークしてもらい、入手した資料が暴露されたという事件です。これについても国家公務員法の秘密漏示罪の規定はあったのですが、ジャーナリズムが報道のために相手を説得をして情報を入手すること自体は場合によっては違法性阻却事由に該当し犯罪を構成しないという判断があるのです。

ところが最後は、西山さんは女性事務官に対していろいろと男女関係を通じてそそのかしたのではないかということで有罪になった。それについての議論は分かれるところですが、むしろあの事件で問題にされなければいけないのは、「報道のための正当な活動であればいい」と最高裁が言ったことです。つまり、報道目的であることが条件です。ですので、日中関係の問題もそうで、仮に極秘情報が手に入ったとしても、それを報道しなければ駄目なのです。

秘密というのは誰にもあるし、われわれ誰しも秘密を持っているだろうと思います。国家も当然そういう意味では秘密があると思います。しかし、他方で、そもそも秘密は蓋をしておけないもので、必ずどこかから漏れてくる。当の本人も限定された範囲の人にはむしろ漏らしたがる。それをマスメディアが入手し、報道することは悪いことではない。それは国益に反するという言い方をされますが、そういう健全な報道機関があること自体が国益になるぐらいに考えないと、本来いけないのではないかと思います。

検証報道と調査報道

山腰　先ほどの話との関連で考えると、朝日新聞の二つの誤報問題というのは実は調査報道、検証報道と結びついているわけですね。番犬機能をより一層高めていく、つまり批判機能をより一層高めていくときに、調査報道というのは非常に大きな武器になるわけです。その一方で自らを厳しく律しようというときには、過去の自分の報道がどうであったかを批判的に自己検証し、自ら正していくことが求められます。

昨今のメディア環境の中でジャーナリズムの役割が問われているときに、朝日新聞がとりわけ三・一一以降めざしていたのが調査報道や検証報道の充実だったと思います。それは非常に大きな役割を果たしてきたと私は評価します。ただそうした手法自体にもいろいろ問題点があって、それが図らずも今回の誤報によって露呈してしまった。調査報道はもちろん相手を批判する武器にはなるけれども、自らの価値観やニュースバリューに縛られていくと、今回のような誤報問題に陥ってしまう可能性もあります。

もう一つは、自らを律するために過去の自分たちの報道を批判的に検証していく過程で、自分たちの中では正しいと思っていた見方が、自分たちと違う立場の人たちから見たときにまさに格好の批判の材料を与えてしまったという点です。今回の誤報に関する二つの問題は、実は朝日新聞が自ら番犬機能を高めていこうとしたときのつまずき石だったのではないかと思えます。

大石　少し整理しますと、ジャーナリズムはおそらくその点について、二つの重要な評価基準を設けていると考えられます。一つは、ジャーナリズムが権力監視機能、番犬機能を持ち、その使命を果たすことで、社会から高い評価を得ることです。もう一つは、ジャーナリズムという組織や業界の中で、どうすれば褒められるか、高く評価されるかということです。記者のスクープ志向の強さがそれに当たります。番犬機能を果たしつつ、組織や業界で高く評価されれば、言うなれば両方の基準を満たせれば、それが一番いいのは当然です。これら二つの基準は必ずしも矛盾するわけではありません。しかし、今回の誤報はこれら二つの基準を一気に満たすはずだったのに、結果的には組織や業界の論理を優先し、番犬機能に対する疑いや批判を招いてしまったと言えます。

先ほどの駒村さんの指摘は非常に重要だと思います。その一方で山腰さんは、駒村さんとは違う角度からやはり興味深い発言をされたと思います。ジャーナリズムが調査報道を通じて批判機能を強めていく、この二つのベクトルがうまく接合するときには、まさに時代を社会を変える大スクープとして、金字塔として、ジャーナリズムの歴史や社会の中で語られ続けていく。しかし、権力監視という使命感と記者のスクープ志向が負の結合をしてしまう場合、今回のような誤報を生じてしまう。そうしたメカニズムが、今回の誤報問題を通じてかなり見えてきた感じがします。

複雑化した社会の中のジャーナリズム

片山　国益についての話をしますと、昔はとにかく日本が豊かになって国民生活の向上につながるにはどうすればいいのか、誰かが国益とは何かということを決めなくても、日本社会ではかなりの程度のコンセンサスがあった。例えば日韓関係でも、「日本と韓国は反共産主義でとりあえず連帯すべき」といった自明な国益というものがあった。

しかし最近は冷戦構造の崩壊、グローバリズムの進展という中で自明な国益の構図が壊れてしまった。そこで日中関係がよくなればそれが国益なのでは、中国や韓国は関係なく日米関係を重視すればそれが国益なのではというように、国益観が多様化してしまった。

大石　方程式が複雑化してしまったんですね。

片山　そうですね。何が国益かという自明性がなくなってしまっている。かつて、防衛軍事に関する機密にしても日米安保だけを軸に考えていればよかった時代には、軍事機密も日本とアメリカの二国の軍事関係者が守っていれば、済んだかもしれない。しかし複雑な現代社会では、多国間の協力が一層必要になり、軍事防衛が他の分野と一層絡み合うようになり、国内でも複数の省庁間の協力が必要になってくる。そうなると、軍事防衛の国家機密の問題にしても、例えば防衛省だけが保持しているだけでは国益に適わなくなるというケースも出てきてしまう。機密という情報の性格が、昔とはまったく違ってしまったのではないか。

そうした複雑化した社会というものが、ジャーナリズムにも重大な変化をもたらしてきたのではないか。マスメディアを含め、当然のように成り立っていた共通の土俵、国益といえば新聞のほとんどの読者がこう思っているといった状況が、本当に失われてきてしまった。そういう中で、プラットホームというよりフォーラムを作ることで、ジャーナリズムが国益の明確化という方向に進めればいいのだけれども、どうやらそれとは違った方向に日本のジャーナリズムは進みつつあるのではないか。

日本のジャーナリズムはむしろ、社会の一つの極論を代表する形で生き残ろうということなってきた、そんな印象を私は持っています。政府批判ばかりのジャーナリズムがあるかと思えば、政府の代弁者になってしまって、番犬ではなく御用新聞のように見える新聞もある。

「成熟した民主主義の時代」などと言い、価値観の多様化が進んで、熟慮した議論によって世論が形成され、それが政治に影響を及ぼすという話は実はどこかでオーバーヒートしてしまったのではないか。何が正しく、何が誤りなのかという問いを立てることが非常に難しい時代になってしまったような気がします。ジャーナリズムは今、そうした時代の中で活動せざるを得ないのです。

大石 ソーシャルメディアが社会の中心に位置し始め、メディアの状況も大きく変化してきました。それこそかつて、一九八〇年代や九〇年代、いわゆるニューメディアが普及し始めた当時、情報社会論においてはメディアの数と種類が増えれば、情報の数と種類も増える。情報がそうなれば、価値や価値観は多様化、多元化する。そうすれば、今お話しされたような、社会の複雑化という状況に適した情報やメディアのあり方が成立するのではないか、という主張が行われた時期がありました。

ただし、もう一つ別の予測、展望も存在していて、社会がそれだけ複雑化し、情報やメディアも多様化してくると、その中で階層化を求める動きが出てくるのではないか。その階層化の上位に位置するのが、新聞、通信社、そして公共放送であるＮＨＫ、さらには民放ではないかという見解も示されました。特に日本の全国紙の場合二千人を超える記者を擁して、綿密な取材をして、情報をきちんと整理して報道してくれるわけです。そう考えると、やはり既存のジャーナリズムの力はかなり強いまま残るのではないか、という主張がある種の期待を込められながら語られていたわけです。

とにかく、情報はあふれんばかりに次々と流されてくる。でも、多種多様な情報が階層構造を形作り、われわれは情報の洪水の中にいるけれども、新聞と健全な姿をとったときのＮＨＫ、さらには報道機能を強めた民放がとりあえずの指針を与えてくれる。そういう見方が支配的だったわけです。今でもそう考えている人はかなりいるかと思います。ところが、現実に今本当に情報が氾濫し出したとき、特に若者層を見るとそういう展望が崩れ、だいぶ異なる様相を見せ始めてきた。

片山　一日二十四時間しかないのは変わっていない。でも、見るものが、聞くものがどんどん増えている。かつて日本経済は右肩上がりだったし、国際社会はアメリカ側とソ連側ではっきり分かれていた。そんな時代には、選挙の際、こういうときには社会党に入れて、こういうときには自民党に入れればよいという基準もそれなりにあった。

今は新聞、テレビ、ラジオなどの媒体に加えて、ネットで「この人のブログを見れば、この人のツイッターを見れば、世の中のことはよくわかる」という風潮が強まってきた。しかも、社会で生じる問題が一段と複雑化してきたことで、高等教育を受けた人たちでもその複雑さについていけない。選挙でアベノミクスが争点になっても、どうすれば経済がよくなるのかもしくは悪くなるのかが専門の経済学者でもわかっていない。有権者は争点にされてもわかるわけがない。そうした中で、メディアが情報の集約機能を果たすことができないでいる。国益が何かもわからない。国益どころか、国民みんなを幸せにするための確固とした手法はまったく見当たらない。

ジャーナリズムの批判機能の限界

大石　何が国益かがわからないからこそ、例えば二〇二〇年の東京オリンピック招致の成功という事実をもってして、とりあえず国益の姿を単純化するのだと思います。それこそ社会をまとめあげるシンボルが出てきたときに、メディアはほとんど抵抗力を持たなくなるわけですね。

具体的にどういう形で連想ゲームが繰り広げられていくかというと、ソチ・オリンピックでの葛西の銀メダル・ジャンプや浅田真央のフィギュアスケートでのジャンプの失敗に対する国民的な関心の大きさと、東京オリンピック招致に対する熱狂は当然つながっているわけです。国益というものがわからなくなってきた分だけ、領土問題でもそうですが、オリンピックのようにわかりやすいものを誘致して持ってくる。そして、その政治の力に対する評価が高まる。

その評価を既存のメディアは否定できないどころか、すがるようにしてほとんど無批判に報道し、結果的には政権の評価を高めていく。それである種の熱狂状態が起きていくという感じですね。

駒村　ただ、日中関係が日本の国益を左右するということと、東京オリンピック開催が日本の国益だという二つは、少し違う気がします。

例の安倍首相の五輪招致スピーチで述べた「アンダー・コントロール」発言を番犬として批判できるかどうかという問題ですが、当初はいくつか批判的な報道も見られましたが、その後は一挙に牙が抜かれてしまった。日中問題についてはまだ国益自体をめぐって議論できる環境はあったと思いますが、オリンピックの場合はどうもそうではない。何か沈黙をすでに内面化している、させているとてつもない空気がある。いま国益問題としては、この点が一番大きいのではないかと私は思います。

大石　この問題についてては、山腰さんもすでに見抜いていまして、論文にもしている（「水俣を忘れた世論とジャーナリズムからフクシマとオリンピックを考える」、前掲）。今回のオリンピック招致の問題は、福島原発事故をまさに「アンダー・コントロール」という問題とどう接続するのかという視点がまったくと言っていいほど欠落している。国家的なイベントというのは、例えば過去の大阪万博でも第一回目の東京オリンピックも、おそらく札幌オリンピックも長野オリンピックもそうした傾向を持ってしまう。

長野オリンピックの場合であったら、大資本が環境破壊を行ったという問題がすっと消えていくわけです。オリンピックのような一大イベントによって社会が求心力を強めた場合に、メディアがそこで反発できるのか、批判できるのか、抵抗できるのか。歴史を振り返ると正直かなり心もとないですね。一番大事なときに番犬になれないということが結構ありますね。

駒村　そうですね。先ほど片山さんがおっしゃったように、現代社会では国益の内実自体がよくわからないし、解釈も多様。情報にしても、何を頼りにしていいかわからない、それほどに錯綜している。一般に国益とか国難とか、国論が二分されたなどという言い方は古い政治家の選挙スローガンみたいで、みんなほとんど冷めた眼でながめていますが、実は非常に強固な何かが残っている。それはいったい何なのかということが、大きな問題なのではないですか。

大石　山腰さん、この問題についてはどうですか。

山腰　オリンピックが平和国家や文化国家といった国家イメージと結びつくのは確かです。ただし、今回の二〇二〇年の東京五輪のときは、もう一つのイメージがある。それが三・一一震災からの復興ですね。要するにオリンピックが経済成長の起爆剤になるという主張がメディアの中で展開されるわけです。読売新聞は東京オリンピックの招致が決まってすぐに、「復興と経済成長の起爆剤に、オールジャパンで成功させたい」（二〇一三年九月十日）という社説を掲載しました。まさに争点が争点を駆逐してしまうというか、オリンピックというイベントが原発問題を駆逐してしまった。汚染水の話は吹き飛んでしまい、経済復興といった場合も本来は被災地を対象としたはずなのに、その社説の主張しているところは、日本全体の経済成長の期待がオリンピックという目標を得ることによってさらに高まっていくという話だったのです。

マスメディアはいろいろなことをもちろん批判するのですが、日本社会の根幹にあるような価値観は結果的には維持していく。かつて、経済成長を最優先とする価値観が水俣病事件を潜在化させてしまったり、平和という価値観が逆説的に沖縄の基地問題を見えにくくしてしまう状況が日本のジャーナリズムにはありました。ある意味での現状維持機能をジャーナリズムは果たすという批判的な視点の研究があります。今回の福島の報道とオリンピックの報道との関係性はまさにそういうものが、わかりやすい形で見えてくる話ではないかと思います。

立ちすくむ日本社会

駒村　本筋から外れるかもしれませんが、一点だけいいですか。「アンダー・コントロール」の問題ですが、もしかすると原発の問題はもうみんなどうしようもないと思っているのではないか。汚染水はどんどん今溜まり続けている状況で、石棺、水棺、氷の壁、どの対応措置もうまくいきそうもない、事象を止めることができない。

ではどう収束させるのか、みんな関心は持っている。日々増大し、蓄積されていく汚染水の山の前で、これが恒久的に増えていくはずはなく、どこかで決着をつけなければいけない。でも、どうしようもないと思っているのかもしれない。そういった非常に暗い諦念があって、もう日本には二〇二〇年のオリンピックを信じるしか道がないのではないかというような共通感情ですね。それが先ほどの沈黙を内面化させている「国益」の正体ではないか。いや、国益などというポジティブな概念ではなく、神にもすがるような思いでみんなが一致している。

片山　それはある種の共犯関係ではないか。おっしゃるとおりで、本当はわれわれは知りたいけれども、政府は事実を覆い隠そうとしている、という単純な図式ではない。汚染水の実際の状況を知らされたとしても、自分たちが何かできるわけではない。どうでもいいとさえ思っている。しょうがないのだから、そんな報道はしてくれるな、というような。もちろん、そう思っていない人もいるとは思いますが、日本国民全体のムードとして、汚染水の報道や、「凍らせるのもうまくいっていません」、「またこんなことがあった」と言われても、自分たちに致命的被害が及ばなければ別にもうどうでもいい、見たくないと思っている。

駒村　そうだと思います。

片山　国民が知りたくないことを報道しても、部数も伸びないし視聴率も上がらないし、だからあまり言わない。

駒村　国民の方ももう聞きたくないと思っている。あるいは、これはもう収束しない問題なのだと覚悟や諦めができてしまっている。自分が生きている範囲内では今のままだろうとみんな思っていて、何世代先のことまでは考えられない。したがって、とりあえずはオリンピックに賭けてみる。

先ほど山腰さんが日本人の根幹的な価値観は変わらないとおっしゃいましたが、もしかすると約七〇年前の戦争もそうで、どうやら物量的にもこれは勝てない、われわれはもしかしたら滅ぶかもしれない、というときに出てきたのは何かというと、およそ非科学的な、戦略的にも合理性のないものにすがる。神頼みですね。みんなが一所懸命、命を落としてまでも何かを信じればカミカゼが吹くみたいな議論が、やはりあった。

二〇二〇年の東京オリンピックはカミカゼだと思って、みんなが信じている。あれが来れば、またかつてのようなにぎやかな、八〇年代のような東京が再現できる。インフラも整備される。

片山　八〇年代のバブルみたいなということですね。

駒村　オリンピックが来れば、みんなが楽しくなって、しかも日本経済がよくなる。ところが、カミカゼが吹いて特攻隊が成功したのかというと、そうではなかったわけですね。ジャーナリズムの問題とは少し離れましたが、二つの現象には何か精神構造的に同じものがあり、そういうものをジャーナリズムも実は内面化しているのだとすれば、番犬機能どころではないという話になるでしょうね。

大石　一〇〇〇兆円を超える国の財政赤字の問題もそうです。どうしていいかわからない。アベノミクスによって経済成長して税収を上げるのか、あるいは消費税を上げて安定した税収構造にするのかといっても、どちらが適切な方向なのかわからない。それでいてまったく異なる二つの意見がある。そこで出てきた案が消費増税の先延ばしですね。こうした場合、さまざまな主張を行うジャーナリズムがある一方で、立ちすくむジャーナリズムといった現象は、当然出てくるだろうと思いますね。

片山　日本がもう立ちすくんでしまっているので、それに合わせるとジャーナリズムも立ちすくむしかない。

社会の縮図としてのジャーナリズム

大石　今われわれジャーナリズム専門の研究者でほぼ合意しているところは、先ほども少し申し上げたのですが、ジャーナリズムを社会から取り出して論じることはしない。ジャーナリズム、メディアがよくなれば社会がよくなるというものではない。いいにせよ悪いにせよ、メディア、ジャーナリズムは社会の縮図であり、凝縮したものなのだ。ロシアがあのような社会だからロシアのジャーナリズムはかなり委縮しているし、中国があのような社会だからさまざまな統制が存在する言論体制になる。

だから今の日本の臆病なジャーナリズム、あるいは保守的主張が非常に幅を利かせているジャーナリズムは、社会の縮図として存在していると言えます。日本社会と日本のジャーナリズム、いずれか一方が他方に影響を及ぼすというよりも、ある意味相互作用し、連動している。特にマスメディアのようにできるだけ多くの人にわかりやすく情報を伝えるというメディアは、その傾向を強めざるを得ない。それが現状だと思いますね。ですからジャーナリズムはその点を自覚し、次なるステップとしては、より自分の主張を明確に出すようにするのか、あるいは社会の多様な構図を取り入れるようにするのか、今はちょうどその選択を迫られている、境目かなという感じを持っています。

駒村　もし仮に私の言った対比がある程度成立するならば、七十年前はそれこそ自由なメディアはなかったわけです。しかし今同じ構造の問題があるとしても、基本的にわれわ

れは自由なメディアを持っています。ですから七十年前と同じような破局にはならないはずなのです。

しかし同時に、他方でそれは日本社会の中に言説空間がきちんと成立し得る場合に限られると思います。さっき「聞きたくない」という話がありましたが、どういうふうに言論が活性化しようが、もはやどうしようもないという話であれば、いくらこの空間で有意義な形でディスコース、言説を活性化させたとしても、われわれはある方向にもう宿命的に歩いていかざるを得ないのだということがある。

大石　ただその場合も、今起きている状況、あるいは支配している言説を区分けする、分析する、解説する力を持つようにすればいいわけです。たぶん七十年前にも、そうした力を持っている人もいたけれども、大きな声をあげることができなかった。力を持つ人も非常に少なかった。今はかなりいるはずです。そうした人たちが、今は目を背けているだけで、もう一度覚醒すれば言論が活性化するという期待は十分持てるのだろうと思います。

実は、戦後七十年の日本の歩みはそういう社会の、国の形を作ろうとしてきたはずです。もちろん足りない部分もたくさんあったけれども、ある程度の体力はつけてきたはずだと思います。それが、たまたま今さまざまな問題が起きていることで、一方の言論・世論の極、いわゆるリベラル派が動揺をきたしてしまっている。言論空間の多様性が失われる危機に今直面していて、しかも皆さんが指摘された環境、非常に曖昧模糊とした状況が存在し、そうした不安を一層加速させている。それが日本の現状ではないかと思います。

駒村　おっしゃる方向性というか枠組みはそうだと思います。だからこそ七十年前と違って、自由なメディアが今あることが重要だと申し上げたのですが、その場合にかつて言われていたような教科書的な、メディアとの関係性がもう一回再演できるのかどうかという問題がある。今言った、国民の非常に悲観的な物語というのが背後にある。そこをもう一回ブレイクスルーする言論を作らなければいけないというときに出てきているのは、新しいＩＴの問題ですね。

朝日新聞か、読売新聞か、あるいは日本経済新聞か、どれを信じるかということでなくて、頼りにすべきメディアを探すにもメディア業界自体が今もう再編成の途上に突き出されており、業界地図も現在進行形で変化しているから、寄る辺《べ》を見つけにくい状況にあると思います。そういうときにかつてあったもの、あるいはかつて理想とされたものを今作り上げるという土俵で頑張れるのか、変化の推移を眺めているのがせいぜいなのか、そういう状況にあるという言い方はできるかと思います。

12　国内政治とジャーナリズム

変貌する政治と有権者

大石　もうすでにだいぶ踏み込んで話していますが、国内政治とジャーナリズムというテーマで、私から問題提起させていただきます。八〇年代、「戦後政治の総決算」と中曽根康弘元首相が言ったときに、彼は保守の二大政党による政権交代の必要性と可能性について論じていました。そのとき彼が思い描いていたのは、復古的、ナショナリズム的な保守勢力と、今でいうハト派、リベラル派だったと思います。これら二つの勢力の隔たりがそれほど大きくなくなり、言うなれば政策の振り子の幅が小さくなる政治社会を思い描いていた。それによって二大政党の間で政権交代が起きる。特にアメリカの政党政治の姿を理想として描いていたわけです。

それが、九〇年代に冷戦が終わってどういうことが起きたかというと、それまでの保守対革新という図式がガラリと変わった。とくに革新が大きく崩れ、保守勢力、特に自民党が分裂し始めるのです。これは池上彰さんとの対論でもお話ししましたが（第Ⅰ部）、リベラル派と言われる政党、組織、労働組合等含めて、非常に不安定になった。保守派のほうも、本来の保守勢力とはだいぶ違った意味の復古的なナショナリズムを中心とした保守のかたまりが非常に強くなった。そして、ある種のリベラル派をまとめ上げる力を持った人物、組織が非常に弱まった。そういう中で、リベラル派はメディアの空間としての朝日新聞や毎日新聞、東京新聞の中にしか存続し得なくなってきた。

今回の朝日問題は、弱体化したリベラル派が叩かれた象徴的な出来事であり、朝日批判によってリベラル派が一層弱体化していくという構図なのではないか。ここで言うリベラル派とは、平和国家日本ということを大前提として資本主義の枠内で経済成長、経済の安定を図る文化国家をめざす勢力といった意味で使っています。先ほどのお話では、かなりそのあたりを突いていたと思いますが、八〇年代、九〇年代の日本の政治の流れについて片山さんはどのように思われますか。

片山　これもなかなか大変な問題です。日本の政治の流れで、中曽根さんは確かに保守二大政党論を早くから主張していた。でもまだ冷戦構造が継続している間は保革対立で、日本における冷戦の縮図として、やや勢力の強い自民党と、たまに議席を大きく伸ばすが決して与党にはなれない、でも三桁の大きい議席を持つことが多かった社会党。まさに米ソ冷戦の縮図として九〇年代の初めまでは推移していた。

それが冷戦の終わりとアメリカの一人勝ちと言われた時代に入った。このとき、日本の政治は方向性を間違ったと思うのですね。新党の立ち上げ、分裂が繰り返し生じ、小沢一郎さんが仕掛け人になって、保守二大政党を作ろうとした。とりあえずは失敗して、民主党として大きくなって鳩山由紀夫首相が誕生するまで長い時間を要しましたが。とにかく九〇年代の政界再編は、アメリカの保守二大政党制を日本でも真似ようとしたのでしょう。しかしこれは政治文化が違いすぎるので、うまくいくとは思えない。少なくとも私は思ったことがない。しかし、メディアの中には二大政党制は好ましいみたいなことを言うものも出てきた。それも保守二大政党という言葉は使わない。日本の場合、なぜか二大政党による政権交代という言い方をする。政権交代が起きても、それは別に大きな体制の変革、革新ではない。イデオロギーの時代は終わって、基本は資本主義で、より大きな政府か、より小さな政府か、福祉や軍事の規模をどうするかくらいが政治の焦点で、政策の争いしか残らない。よい政策の保守政党があればずっと続いて悪いことはないけれども、権力は腐敗するのでとにかく交替した方がいい。だから自民党みたいな政党が二つあればいい、二大政党が政権交代をくりかえすのがこれからの政治のモデルだと。ジャーナリズムだけではなく、学者もたくさんそう言い続けましたね。そうしたら政界再編期と称される時期がいつまでも続いて、二〇一〇年代になっても、再編の結果、持続的・安定的でまとまりのある新しい大政党はできていないるように見えない。民主党がいったんかたちをなしたと思ったら派手に傷んでしまった。学者やジャーナリズムの責任は大きいと思いますね。日本の風土と時代の要求に合う政党制を提案できず、不適合なモデルを推奨して長い時間を空費させたのですからね。

したがって、政党政治やイデオロギーということを考えると、特に九〇年代からは混沌期という気がしますけれども、政治を動かす力といいますか、有権者の意識といいますか、それはすっかり変わったのではないですか。そうしたのは政治の力と言えるとは思うのですが。

具体的に申しますと、無党派層という言葉がありますね。政治的無関心層とも言えるし、そのときそのときに自由に判断できて、何かにとらわれていない人たちとも言える。戦後のリベラルな人たちは自由に判断できる無党派層が増えることが民主主義の成熟を意味すると考えていたのではないですか。無党派がまとめて動くと「山が動いた」と言って喜んだ左派政党の女性の委員長もいました。

この、無党派に対置されるのは、言うまでもなく選挙の固い地盤というものを組織している有権者ですね。農協なり労働組合なり宗教団体なりがそれに当たります。その力は今もある程度は持続しているでしょう。八〇年代の学生時代、私が政治学科で授業を受けていた時には、利益集団だとか、圧力団体についての講義をいろいろ受けたしそうした言葉がよく使われていた。その影響力によって日本の政治は動いているというようなことをさんざん聞かされました。で、この無党派というのは新しい風を吹かすポテンシャルを持っていて、対して長期自民党政権も支えているのは地盤や岩盤で組織されている人たちだと。そんなイメージがかつてあったと思います、

ところが、八〇年代からの日本の政治というのは、振り返るとちょっと意外なことに自

民党が有権者の岩盤的・地盤的まとまりを壊してきた歴史のように思えるのです。中曽根政権は三公社五現業を民営化したり分割したりした。電電公社、専売公社、国鉄、とにかく日本の政党、特に当時の社会党の支持基盤のようなものを粉砕していった。それは野党の支持基盤を壊したということでわかりやすいですけれども、その流れはとだえることなく続いて、二〇〇〇年代になると小泉純一郎が「自民党をぶっ壊す」と言った。このときは郵便局とか、自民党の支持基盤までぶっ壊すという話ですよね。雇用の流動化とか、そもそも企業に組織されていないようなフリーな、非正規雇用の労働者の数も増えていく時代になります。結局資本をなるべく自由に動かすために、人間を抱えておくのが手間になってきた時代なのが、二〇世紀末からこのかたなのでしょう。

それに合わせて政治も、経済の要求にしたがってというべきか、人間のまとまりを壊していく。組織票を要らないとは言わないけれども少なくしてゆき、かわりにワン・フレーズ政治などになって、無党派層の浮動票を選挙のタイミングで瞬間的につかもうとする。非常に技術的で刹那的で宣伝的でイメージ的な政治にどんどんなっている。その最後まで地盤や支持基盤を固める選挙にこだわった大政治家は小沢一郎さんでしょうが、彼の凋落が地盤・岩盤の落日を告げているような気がするのです。選挙が一方の一人勝ちばかりになってくる。アメリカは同じ小選挙区でも二大政党でこんなに差はつきません。日本は極端なことにしかならない、おかしな選挙しかできない国になってしまった。

「保守派」対「リベラル派」という構図

大石　同時に九〇年代にはバブル経済が崩壊して、それから二十年近く不況の時代、経済的には暗黒の時代が到来した。「漂流する国、日本」という言葉が一種流行語として使われました。

確かに、政変、あるいは政争劇としては見ていて面白かった部分もある。細川護熙政権ができる、小沢一郎さんが政党を作っては壊し、離合集散が日常化し、政治の中でのきちんとした核を見出せないまま、ジャーナリズムの方も政局劇を追いかけていく。そこには政治のある種の面白さ、そういうものが確かにありました。政治というのは実際ドラマとして、ものすごく面白いですからね。

今回の（二〇一四年十二月）安倍首相による衆院解散選挙もそうです。それを見せつけられている。気持ちの中では、非正規雇用の問題はまったく解決していないし、経済も全然上向きにならないという閉塞状況が続いている。加えて、言論空間を見ても、リベラル派が弱まってきた。

保守的な価値観というのは、本来は今日の生活が明日も続いてほしいという気持ちを優先させることを指すと思うんです。でも今は、明日は今日の生活が続くかもしれないけれども、明後日はわからないというある種の不安感が強まってきた。そうなってきたときに、民主党政権のように少なくともスローガンの上では、あるいは表面上は何かが変わるかもしれない期待をみんなは感じ、それに飛びついたものの、それだけに大きく失望してしまった。

こうした中でジャーナリズムは、目の前で生じた小さな変化を大きく報じるということを繰り返してきてしまった。そうしていくうちに残っているものは何かと言えば、結局は経済にすがるという価値観だけだった。それに、日本社会を誇りたいという気持ち、日本という国家に対するプライド、そういったものが組み合わされるようになった。

かつても経済成長は多くの幸福をもたらした、そうほとんどの人が感じていた。経済大国という言葉で象徴され、海外に出ても「日本は一流国だ」と言われて喜びを感じていた。しかし経済成長が鈍化し、経済面でのプライドが傷つけられたとき、次にすがったものはより偏狭な意味でのナショナリズムだったわけです。それは、いたずらに復古的であったり、伝統志向であったりする。狭い意味での保守の言論空間が頭をもたげ、それが強化されるにしたがって、リベラル派の言論空間がシーソーのように、相対的に低下してくる。先ほども言ったように、リベラル派の求心力、リベラル勢力をまとめ上げる力が弱くなってきた。そんな見立てを私はしています。

駒村　そういう観察に何ら異論を差し挟む余地はないと思うのですが、この問題を何の観点で捉えるかということですね。広い意味でのジャーナリズムのこれからを考えるという文脈で考えると、本当にくどいようですが、今の論点はジャーナリズムの本筋と関係ないところで、日本の新聞が頑張りすぎてきたことの例証だと思います。

つまり、新聞社がある種の結社になっているのです。政党と同じような位置づけで、政党の色分けに従って新聞も保守かリベラルかといった色分けをされてしまう。新聞の中にいる人も外にいる人も政治家もみんなそのようなマッピングを当然のように受け入れている。そのために、この記者と仲良くしようとか、この人を番記者にしようとか、こいつを叩くためにこういう情報をリークするということが行われてきた。その中で、朝日新聞はリベラル派知識人にとっては不可欠の教養紙という位置づけを保ってきたはずが、今回の一連の誤報事件で大きく信頼を失ってしまった。

でも、そのような党派的利害から叩き合うのではなく、ジャーナリズムとしてどういうふうに党派的な違いを超えて行動し得るのかという視点を持つことがそろそろ本格的に求められる時期なのではないか。政治やイデオロギーの潮流の中でメディアを捉え続けてしまうと、肝心のジャーナリズムという精神ないし営為はどこに行ったのか、よくわからなくなってしまうと思いますね。

大石 今のご指摘はある面では非常に説得力があると思います。ジャーナリズムが政治の中で翻弄され続けてきた。それだからこそ、今は保守派とリベラル派という二つの言論空間が存在している。

政治の現場を見ると、リベラル派に関しては、民主党はさまざまな勢力の寄り合い所帯、自民党のリベラル派は今わりと沈黙を保ち、リベラル派の勢力がきちんとした形でまとまりがつけられていない。そういうときに結局、朝日、毎日、東京はその役割を担わざるを得なかった、請け負わざるを得なかったということだと思います。もちろん、積極的にその役割を担ってきたという側面もあるかとは思いますが。

ジャーナリズムは出来事を発見し、発掘してニュースに変換する、すなわち出来事を再現するというのが本来の仕事です。その記録を日々積み上げていくことによって、読む側がいわゆる物語性をそこに見出すのはいいけれども、本人たちがその物語に溺れてはいけない。ところが特にリベラル派のほうは、近年の政治、世論状況の中で、物語に溺れることに満足感や使命感を強く持ってしまった。その是非についてはいったん保留しますが、こうした言い方、評価はできると思います。

片山　中曽根時代ぐらいから、いろいろな既成のものをバラバラにして砕いていくことに多分マスコミも政治も経済界も熱心になって、まとまったものはどんどん壊していったのではないでしょうか。

大石　それは確かに貴重な視点です。ニューリベラリズム、新自由主義的なものは、まったく違う文脈で保守・革新関係なくかなりの程度の賛同を得てきました。とにかく「改革」という言葉をスローガンにして。そうした中で、過剰な官僚批判も行われた。

片山　先ほども少し触れましたが、無党派層に属する人は自由で、価値判断がきちんとできる人を想定していて、そうした人たちが増えることで社会がよくなるという見方があったと思います。でも実際に起きてきたことは、結局バラバラに砕かれてどこに帰属していいのかがわからなくなった。世の中が難しくなる一方なので判断もつかなくなった。雇用も不安定化して、大学は出てもどうなるかわからない、終身雇用も崩壊するという状態の中で長期的な展望を持つことが一層難しくなった。

組織が砕かれると、一人ひとりが自由になって、しかもネット社会でいろいろな情報に接しやすくなり、高学歴社会が個々の人間の知識を増やし判断力を高めて、よい社会になると思っていた。かつてはそんなことを主張する人もいた。でも、結果は寄る辺なき無知で弱々しくしばしばヒステリックに振る舞う孤独な弱者の増大でしょう。経済も人口も右肩下がりになってきて、何にすがって生きればいいのか。そこにワン・フレーズが忍び込んできて、ある政党をどっと支持して大勝ちばかりさせてしまう。

先ほど細川政権の話が出ましたが、あのあたりから政治もジャーナリズムもずっと間違ったことをしてきたような気がしています。そのつけが全部回ってきたときに、つけを返そうにも自分たちが生き残るのが大変で、アップアップしているような雰囲気を感じます。

13 ジャーナリズムの未来

大石　最後に皆さんから日本のジャーナリズムに対して一言ずつお聞きしたいのですが。
山腰　新しい発想というのは、実は危機的な状況の中で出てくるものだと思います。ジャーナリズムということで考えていくと、ジャーナリズム自身、最近ずっと危機感を持っていた。特に新聞は部数が減っていき、経営的な意味での危機感がありました。どうやったら新聞を読んでもらえるかと考えたときに、先ほども申し上げましたが、朝日新聞だったら調査報道、検証報道でやっていくという方針を打ち出しました。しかし、それがつまずいてしまったときに、日本の言論の危機、揺らいでいる状況が見えてきました。

そうだとすれば、今度は経営の視点とか、読まれるための新聞という視点ではない、今の日本の言論状況を踏まえたジャーナリズムを構想していくことが課題となります。朝日新聞が唱えてきた革新、あるいはリベラルな言論とは違った、新たなリベラル派のあり方をジャーナリズムが構想できるかどうか。それはジャーナリズム単体ではできないかもしれない。それこそ大学も含めて新しい言論状況を作っていくということだと思います。

ただ、ジャーナリズムはジャーナリズムとしてできることがあります。それはもとをたどればニュースを作ることに尽きるわけで、ではジャーナリズムがどういう形でニュースを作ればいいのか。もちろん調査報道、検証報道といろいろあると思うのですが、今の二極化した状況を踏まえるならば、そもそもジャーナリズムの根幹は何なのかという点まで立ち戻る必要があります。それは発信するというより、実は聞くことが重要なのではないかと思っています。

大石　何から、誰から聞くのですか？

山腰　例えば取材対象や事件の当事者や、それだけではなく、いろいろな立場、意見を持っている人から幅広く聞く。ジャーナリズムをコミュニケーションとして捉えるならば、一番の原点の部分はそこだと思います。誰もが送り手となることができる今日のメディア環境では発信することが過剰に求められるわけですが、その中であえて聞くことをプロフェッショナルとしてのジャーナリズムの根幹として捉え直すことに意義があると考えます。調査報道が番犬機能で権力と対峙するというのは今までのジャーナリズムのロジック、論理の中で組み立てられていく話ですが、もっと原点のところまでたどる。それこそニュージャーナリズムではないですが、これまでの組織ジャーナリズムのロジックとは異なる、新しいジャーナリズムを構想していくのに今はいいタイミングではないかと思います。

片山　明治維新以来、国民がとにかく新聞を読んで頑張らなくてはいけないといった流れの中で、日本の新聞はそれなりに右肩上がりになり、発行部数も増えてきました。大衆向けの新聞として朝日や読売という大規模新聞が育ちました。しかも、報道はもちろん報道だけれども、それは国益の問題でもあるのですが、とにかく国民みんなが頑張りましょう、そのためにはこういう方向がいいですよと、啓蒙し、誘導するというところにもある程度の比重を置いてきた。

今は、それがもう限界に達してしまった。それは、歴史の選択の問題として「こうすれば日本の国はよくなる」と言えなくなったということもあるし、メディアが多様化してしまって新聞の地位が相対的に低下したということもある。

それと、今日はあまりそういう議論までいきませんでしたが、こういう複雑怪奇な時代だからこそ新聞社の中でもっと専門記者を養成するような志向があってもいいと思っています。今はどちらかというとオールマイティーでないといけない。その分野にちゃんと居つかせて詳しくさせる前に、いろいろなことを知っていないと駄目だという総合人的な話になっている。新しくてややこしい経済や政治や文化の話を、専門家とは言えない記者が詳しく報道しなくてはいけないところに立たされている。そういう人を私はよく見かけるような気がします。

世の中が複雑になっていけばいくほど本当の専門家が必要になる。その専門家が専門的にすぎて訳のわからないことを言わないように、きちんと嚙み砕く機能も大切になる必要になる。ところが大新聞社は違ったことをやってきていなかったか。マネージメントがうまくできていない新聞社が時代に対応する努力も怠って、ここ十年、二十年来てしまった気がします。

そういう中で、ではどうすればいいか、流れとしてはフォーラム機能だと思います。きちんと整理して、原発を廃炉にするにはいくらかかって国民の負担がどうなりますとか、東京オリンピックをやるとこれぐらい観光面、経済面での利点があるかもしれないけれども、東北の復興にこれだけしかかけられなくなりますといった、客観報道や仮定に基づく調査報道、シミュレーション報道など、いろいろな人の意見をたくさん載せる。今はどんどん追い詰められていくから、特定の方向にますます傾く新聞になってしまっています。そうではなくて、普通の人にもわかるように嚙み砕いて、いろいろなパターンを説明できるような機能に重心を移していくべきではないでしょうか。

今はネット上のブログなどで朝日新聞や読売新聞より、もっとリベラルな、もっと保守的な意見を過激に言い続ける人はたくさんいます。刺激的な意見を求める人は無料でそういう発言を見ていれば満足してしまう時代です。そういう領域で勝負をしては勝ち目はありません。やはり新聞の役割を見直して出直さないと、ますます破滅していってしまいます。減っていくパイの中で奪い合っているだけでは番犬もへチマもない。そこを何とかしてほしいと思いますね。

駒村　今日はジャーナリズムがテーマでしたが、主に題材になったのは新聞です。それだけ、新聞が持っていたプレゼンス、存在感は無視できなかったということであり、逆に言えば、新聞が多くのものを担いすぎたとも言える。

先ほども話に出ましたが、新聞には社説があり、オピニオン記事があり、日々の報道があって、天気予報から今晩のおかずの作り方まで書いてある。啓蒙もするし、調査もすれば検証もする。あるいは政治に深くコミットし、果ては外交にまでかかわってきた。それを、自分たちがジャーナリストだと自己規定するのであれば、それに従って、どの部分は他の機関に分担割譲して構わない部分で、どの部分が不可譲なのか、その仕分けが今後なされるべきであろうということが、まず第一点。

第二点として、今日は過去志向的にメディア史の話が多く語られてきましたが、未来を見る必要もあると思っています。そうすると何が言えるかというと、新聞とテレビがこれまで二つの主要なメディアでしたが、これが果たして別々でいられるのかという問題があると思います。やがてこれは形式的にも一つになるだろう。

それは何を意味するかというと、新聞業界は取材から編集、製造、流通まで、それぞれ系列ができていますが、これがやがて融合され、いろいろな形で産業界の再編成が行われる公算が高い。通信と放送も融合することになりますから、メディア関連産業がもし仮に総合的なコングロマリットになるとすると、朝日新聞であろうが読売新聞であろうが産経新聞であろうが、今までの新聞の果たしてきた役割は大きな企業の中のある特殊な部分を担うだけになるかもしれない。

これは来年からそうなるということではありませんが、近い将来必ずそうなると思っています。そうすると、さっきも言ったように「何を残すのか」が重要になってきて、残すにふさわしい人しか残らなくなるという時代がやってくる。それは今から考えておかなければいけないことではないかというのが二つ目です。

三つ目は、新聞を皆さんがどのぐらい読むか、一日の間に何十分ぐらい読むか。きわめて現実的な話をすると、あるメディアと一日どのぐらいつき合うのかが、今後のメディアの主流を決めると思うのです。今までは一日中テレビをつけっぱなしにしていた。新聞はそれこそ十分ぐらい読むだけで、じっくり二時間かけて読む人はおそらくそうはいません。

今、圧倒的にわれわれが使っているメディアはスマートフォンで、紙媒体の新聞とは、私自身もどんどんおつき合いが減っています。こうした時代にどう対応するのかという問題だと思います。

かつてはインターネットが充実したら、新聞社だけでなく一般人皆がジャーナリストのようになって、誰でもニュースを発信できると言われていた。みんなが情報発信できればそれだけ情報空間も活性化して、よりよい民主主義に到達できると言われてきた。しかし、どうもそうはなっていない。新聞社の持っていた力がそれぞれ新聞社に属さない個々のジャーナリストに分散化したというのではなく、むしろインターネットの経路や検索エンジンを作る人間がメディアを支配するという話になってきた。

そういう点でも、近未来を見ればジャーナリズムにとって考えるべきことは多い。今までのやり方をいかにもう少し魅力的に見せるかとか、今までのやり方をもう一回再演できるような状況にするにはどうしたらいいだろうかと考えていては、おそらく将来はないのではないかと思います。

大石　繰り返しますが、ジャーナリズムというのは基本的には報道、解説、論評に尽きると思います。それを考えると、テレビはジャーナリズム性が薄い。しかし、新聞はジャーナリズム性が高いかというと、それは他メディアとの比較において高いのであって、今駒村さんがおっしゃったように、より純化した形で今後はジャーナリズムというものを捉えていかなければいけない。極端な話、家庭面、文化面は一部は重要ですが、ジャーナリズムはネットの時代になってきた場合に本当の意味での報道、解説、論評へと完全にシフトしていくべきだ、いかざるを得ないと思います。

コンピュータ、インターネットというのはとんでもなく強力なメディアで、文字も映像もデータも音声も、全部包み込んでいるメディアです。ですから今までのメディアの考え方を変えざるを得ないし、実際そうした変化は起きている。この情報はこのメディアから入手するというのではなく、ネットという一つのメディアでいろいろな情報を見る、読むことになる。

けれども、ジャーナリズムはそうした社会においても必ずや存在しなくてはならない社会の装置です。まず、その点を認めることが必要だと思います。だとするならば、ジャーナリズムが生きていく道を、ジャーナリズムと社会が同時に、一緒に考えていかなくてはいけない。

ただし、これだけ情報があふれている時代には、ジャーナリズムに一定の対価を払い、資金をつぎ込む人の人数は限られていかざるを得ないということです。これは率直に言ってやむを得ない。確かに、社会で生じた出来事を知りたい人は数多くいます。でも、解説、論評まで掘り下げた情報を必要とする人は現実問題として限られた市民にならざるを得ないと思います。そうした人たちを対象として、報道、それに加えて解説、論評を行うジャーナリズムが存続していく。

その存続の方法を考えると、私も先ほど駒村さんが言ったのと同じことになります。今までよく批判されていた日本の新聞界の特徴ともいえる宅配制度と、テレビと新聞の結びつきがプラスに転化する。宅配制度によって、新聞の販売の落ち込みは日本の場合、他国と比べ比較的少ない割合でとどまっている。新聞と放送、特にテレビとのつながりによって、テレビで得た収入を新聞につぎ込んでいくぐらいの大胆な再編が、絶対必要になってくると思います。今のところ、過去の経緯からして新聞のほうがテレビの上位にあり、経営陣の構成にもそういう発想が見え隠れしますが、それを少なくとも対等にして、テレビのほうはまさに身を切ってさまざまな形で新聞を支援し、ジャーナリズムを維持させる。日本社会は、その実現のためのいろいろな施策を本格的に進めていく必要があるかもしれない。

フォーラム機能ということで言えば、メディアを超えたメディア、ジャーナリズムを超えたジャーナリズムという言い方を私はしたいのですが、一方の議論だけを報じるのがジャーナリズムではない。皆さんがおっしゃったように、異なる、対立する見解を、それこそ対論させる形できちんと載せる。いろいろな問題を取り上げて、複数の紙面を使って今以上に積極的に行う、それに尽きると思います。

最後にもう一つだけ言うと、われわれはジャーナリズムのあるべき姿についていろいろと語ってきたけれども、実は優れたジャーナリストをたくさん知っているわけです。素晴らしい調査報道を実践したジャーナリスト、奥行きのある評論を書いて読者をうならせたジャーナリスト。そういう仕事をぜひ継承して、語り継いでいきたい。新聞や通信社、放送というジャーナリズムが、優れたジャーナリストの仕事を保存し、継承していってほしい。それが一つの指針になるし、どんなにメディアが変わっても、そういう優れた仕事、参照されるべき仕事は必ず残ると思います。

（二〇一四年十二月六日）

おわりに

日本社会では八月は、戦没者を追悼し、非戦・不戦を誓う月である。六日、九日、十五日を中心に、メディアはこぞって戦争の悲惨さを語り継ぐためにさまざまな特集を組み、十五日の正午には甲子園球場にサイレンが鳴り響く。ところが二〇一四年の八月は、メディアはそれとは異なる、もう一つの顔を見せた。『朝日新聞』が八月五日、六日の朝刊で特集「慰安婦問題を考える」を掲載し、「吉田証言」が虚偽であることを認め、それに関連する記事を取り消し、それに「吉田調書」の誤報と「新聞ななめ読み」（池上彰氏が執筆）の掲載拒否という問題が加わり、メディアが朝日新聞批判であふれかえることになったからである。

一人のジャーナリズム研究者として、私はその状況を観察しつつ、資料の収集に努め、この問題に関して論文にすることを考えていた。それが研究者にとっては常道だからである。しかし、この問題が大きな広がりを持つようになった段階で、黙って観察するだけでいいのかという疑問が生じてきた。「ジャーナリズムの不作為」という言葉から派生した「研究者の不作為」という言葉が、私の頭の中に浮かんできたからである。「ジャーナリズムの不作為」とは、後になって見れば、報道すべき重大な問題を見過ごしたジャーナリズムに対して批判を行う際に用いる常套句である。もし、朝日新聞の誤報問題と朝日新聞批判をたんなる研究対象の一つとして扱うならば、そうした姿勢こそが後に「研究者の不作為」と呼ばれることになるのでは、という思いが次第に強まってきたのである。それが本書を企画した動機である。

そこで私は、今回の問題の「当事者」の一人である池上彰氏に連絡をとり、対論を行うことを提案した。初対面にもかかわらず、池上氏は快諾して下さった。次に、駒村圭吾、片山杜秀、山腰修三の各氏に座談会を行うことを呼びかけたところ、三氏とも私の考えに共鳴して下さった。こうしてこの本の大枠が固まった。

池上氏との対論は、二〇一四年十二月一日に慶應義塾の学生を主たる対象とした公開の場で行われた。座談会は十二月六日に非公開で行われた。その後、出版に向けての作業が進む間、朝日新聞社は「信頼回復と再生のための委員会」、「慰安婦報道検証 第三者委員会」、「報道と人権委員会」における論議、それをまとめた報告書などを公表した。また、いったん中止された池上氏のコラム「新聞ななめ読み」も二〇一五年一月三十日から再開された。

こうした経過をたどって本書は編まれることになった。今回の対論と座談会は、大変刺激的で、興味深いものであったが、そこで突きつけられた課題は非常に重いものであった。この問題の重大さと私たちの思いを、本書を手に取って下さった読者の方々と共有できたら……そのことだけを切に願っている。

最後になるが、今回の対論の運営にご尽力いただいた慶應義塾大学学生部の鈴木恵子、宮下和之、関優梨香、笠井雄太朗の各氏、そして本書の出版でお世話になった慶應義塾大学出版会、編集部の乗みどり氏には謝意を表したい。

二〇一五年二月

大石　裕

執筆者紹介（50音順）

池上　彰（いけがみ　あきら）
ジャーナリスト、東京工業大学教授。
1950年生まれ。慶應義塾大学経済学部卒業、NHK記者・キャスターを経て、現職。主要著作：『そうだったのか！　現代史』（集英社文庫、2007）、『学校では教えない「社会人のための現代史」』（文藝春秋、2013）、『世界を変えた10冊の本』（同、2014）、ほか多数。

大石　裕（おおいし　ゆたか）
慶應義塾大学法学部教授、同法学部長。
1956年生まれ。慶應義塾大学大学院法学研究科博士課程単位取得退学、博士（法学）。ジャーナリズム論、政治コミュニケーション論。主要著作：『政治コミュニケーション―理論と分析』（勁草書房、1998）、『ジャーナリズムとメディア言説』（同、2005）、『コミュニケーション研究―社会の中のメディア　第3版』（慶應義塾大学出版会、2011）、『メディアの中の政治』（勁草書房　2014）、ほか。

片山　杜秀（かたやま　もりひで）
慶應義塾大学法学部教授。
1963年生まれ。慶應義塾大学大学院法学研究科博士課程単位取得退学。近代日本思想史。主要著作：『近代日本の右翼思想』（講談社、2007）、『音盤考現学』（アルテス・パブリッシング、2008）、『未完のファシズム―「持たざる国」日本の運命』（新潮社、2012）、ほか。

駒村　圭吾（こまむら けいご）
慶應義塾大学法学部教授、慶應義塾常任理事。
1960年生まれ。慶應義塾大学大学院法学研究科博士課程単位取得退学、博士（法学）。憲法、言論法。主要著作：『ジャーナリズムの法理―表現の自由の公共的使用』（嵯峨野書院、2001）、『表現の自由Ⅰ―状況へ』・『表現の自由Ⅱ―状況から』（共編著、尚学社、2011）、『3.11で考える日本社会と国家の現在』（共編著、日本評論社、2012）、ほか。

山腰　修三（やまこし しゅうぞう）
慶應義塾大学メディア・コミュニケーション研究所准教授。
1978年生まれ。慶應義塾大学大学院法学研究科博士課程単位取得退学、博士（法学）。ジャーナリズム論、政治社会学。主要著作：『コミュニケーションの政治社会学―メディア言説・ヘゲモニー・民主主義』（ミネルヴァ書房、2012）、『戦後日本のメディアと市民意識―「大きな物語」の変容』（共著、ミネルヴァ書房、2012）、「原子力政策報道とジャーナリズム」『大震災・原発とメディアの役割―報道・論調の検証と展望』（編著、新聞通信調査会、2013）、ほか。

ジャーナリズムは甦るか

2015年3月30日　初版第1刷発行

著　者――――池上彰・大石裕・片山杜秀・駒村圭吾・山腰修三
発行者――――坂上　弘
発行所――――慶應義塾大学出版会株式会社
〒108-8346　東京都港区三田2-19-30
TEL〔編集部〕03-3451-0931
〔営業部〕03-3451-3584〈ご注文〉
〔　〃　〕03-3451-6926
FAX〔営業部〕03-3451-3122
振替　00190-8-155497
http://www.keio-up.co.jp/
装　丁――――後藤トシノブ
組　版――――株式会社キャップス
印刷・製本――中央精版印刷株式会社
カバー印刷――株式会社太平印刷社

Printed in Japan ISBN978-4-7664-2199-6